区域性公共产品供给研究

——以生态保护补偿为例

石英华　等著

中国财经出版传媒集团
中国财政经济出版社

图书在版编目（CIP）数据

区域性公共产品供给研究：以生态保护补偿为例 / 石英华等著. --北京：中国财政经济出版社，2021.3

ISBN 978-7-5223-0261-4

Ⅰ.①区… Ⅱ.①石… Ⅲ.①公共物品-供给制-研究-中国 Ⅳ.①F20

中国版本图书馆CIP数据核字（2021）第040583号

责任编辑：卢关平　　　　责任印制：张　健

封面设计：孙俪铭

区域性公共产品供给研究

QUYUXING GŌNGGÒNG CHANPIN GONGJI YANJIU

中国财政经济出版社 出版

URL：http：//www.cfeph.cn

E-mail：cfeph@cfeph.cn

社址：北京市海淀区阜成路甲28号　邮政编码：100142

营销中心电话：010-88191522

天猫网店：中国财政经济出版社旗舰店

网址：https：//zgczjjcbs.tmall.com

北京财经印刷厂印刷　　各地新华书店经销

成品尺寸：170mm×240mm　16开　7.75印张　101 000字

2021年3月第1版　2021年3月北京第1次印刷

定价：31.00元

ISBN 978-7-5223-0261-4

（图书出现印装问题，本社负责调换，电话：010-88190548）

本社质量投诉电话：010-88190744

打击盗版举报热线：010-88191661　QQ：2242791300

本书为国家重点研发计划“典型脆弱生态修复与保护研究”重点专项“生态资产、生态补偿及生态文明科技贡献核算理论、技术体系与应用示范”项目“生态补偿融资机制与政策研究（2016YFC0503406）”课题成果

序

公共产品是财政学的基础概念。根据传统的公共产品理论，由于具有非排他性和非竞争性的特征，公共产品需要通过政府来提供。从早期休谟提出的“公地的悲剧”理论，林达尔提出的公共产品均衡理论，到萨缪尔森对公共产品的界定，理论认知在不断深化。由于其具有非排他性和非竞争性特征，公共产品的消费存在“搭便车”的动机，从而使公共产品的供给远远低于有效率的水平。

从涉及的地域范围看，公共产品可以分为全国性公共产品、地方性公共产品和区域性公共产品。其中，区域性公共产品由于涉及多方利益博弈，呈现明显的利益关联性、空间外溢性和外溢范围的模糊性，其有效供给面临困境和挑战。近年来笔者参与了低碳经济、减缓和适应气候变化、生态环保、绿色发展等多项相关课题研究，在从财政视角评估政策效果和探究政策改革的过程中，日益感觉到区域性公共产品的有效供给问题值得深入研究。

良好的生态环境是最公平的公共产品，是最普惠的民生福祉。生态治理是国家治理体系和治理能力的重要组成部分，推进生态文明建设需要政府、企业、社会组织和居民等相关生态治理主体间的良性互动。生态补偿中各个利益相关主体的共同参与，有利于环保生态领域秩序的追求和价值实现。从政府与市场良性互动关系出发，需要建立鼓励和支持企业参与生态治理的市场化机制。从政府与社会良性互动关系出发，需要建立居民和社会各方参与生态治理的激励约束机制。从中央政府与地方政府良性互动关系出发，需要完善生态补偿横纵向转移支付制度。通过明确各治理主体的责任，形成激励相容机制，实现各主体协同共治、共同承担生态治理责任，进而实现生态公共产品的有效供给。

本书以生态保护补偿为例，探究区域性公共产品的有效供给问题。

第一章阐述了区域性公共产品理论缘起与发展。通过较系统的文献梳理，追溯了区域性公共产品的理论缘起、概念认识、供给主体及供给模式演变。

第二章阐述了区域性公共产品的内涵界定。本书认为，区域性公共产品是在特定区域范围内具有非排他性和非竞争性的公共产品，是由区域内多个政府主体、多级财政共同参与供给的公共产品，是区域内利益相关者不断博弈后集体选择的结果，其收益外溢性在一定程度上抑制跨区域公共产品供给主体的积极性。

第三章基于博弈模型，分析了区域性公共产品有效供给面临的难题。从供给主体、供给模式和供给效率三个角度出发，分析了区域性公共产品供给存在的困难和挑战。

第四章研究了区域性公共产品供给效率。以广东省为例，通过数据包络分析方法（DEA）测算了国家重点生态功能区转移支付资金的公共产品供给效率。测算结果表明，大多数生态功能区的总公共产品和环保公共产品供给的规模效率处于规模报酬递减的区域，供给规模的不经济导致了总技术效率的下降。通过引入其他的社会主体共同参与公共产品的供给，完善政府部门和其他主体的合作机制，可以降低政府在公共产品供给过程中的单一地位，使得公共产品供给的规模效率向最优水平靠近。

第五章以新安江流域生态补偿机制作为分析对象，对该试点的区域性公共产品供给的案例作了理论分析，进而结合生态补偿试点实践分析公共产品供给面临的挑战并提出对策建议，以期对生态补偿机制中生态公共产品的有效供给机制的形成提供借鉴。

第六章分析流域治理、森林保护以及水源地涵养等领域的10个案例，总结了区域性公共产品供给的横纵向转移支付机制的实践探索，得出区域性公共产品供给中的主体多元化、资金渠道多样化、补偿方式市场化、生态产品价值实现机制化等启示。

第七章提出区域性公共产品有效供给的思考与建议，包括建立完善的供给机制，拓展供给主体及供给模式，拓宽区域性公共产品资金来源，强化激励相容的政府间横向生态补偿转移支付方式，提高跨区域公共产品的供给效率等。

我国已开启全面建设社会主义现代化国家的新征程。区域性公共产品的有效供给不仅是我国实现区域协调发展战略、促进共同富裕的核心动力，也是我国全面深化财税体制改革，加快建立现代财政制度，完善国家现代化治理体系的重要方面。鉴于区域性公共产品供给问题的复杂性，理论和政策层面的探讨需要不断深入。

石英华

2020年12月

目　　录

第一章

区域性公共产品理论缘起与发展

随着经济全球化与一体化进程的加快，区域化合作越来越频繁，区域间公共产品供给问题的出现使得区域性公共产品理论应运而生。最初关于区域性公共产品的研究是基于国家区域间供给公共产品的理论基础、概念界定以及供给模式的探讨。区域性公共产品理论在国际合作领域有诸多研究及实践，其内涵外延、理论应用范围也在逐步扩大。对于区域性公共产品的探讨主要集中在两个领域：一方面是国际领域中的跨国跨区域的公共产品；另一方面是一国领域内的跨行政区域的公共产品。本章从两个研究方向着手对区域性公共产品理论作系统的文献综述，以期对区域性公共产品理论的缘起与发展作较全面的回顾。后面的章节主要围绕国内跨行政区域的公共产品展开分析。

一、区域性公共产品理论的兴起

区域性公共产品（regional public goods）的概念最初是由公共经济学领域中的公共产品理论与国际政治经济学领域相互渗透得来的一个复合型的概念，是公共产品概念在国际领域研究的延伸。区域性公共产品的概念来源于1990年以来各种形式的区域合作，随着国际关系的演变历程而得以发展。最初的国际公共产品由冷战时期的大国提供，随着国际公共产品提供延伸到全世界，形成全球性公共产品。随后区域化合作模式在全球兴起，由于公共产品供给不足以及公共产品大国“私有化”问题的产生，因而在欧盟与东南亚国家联盟区域出现了该国际区域内提供和消费的公共产品，使得国际公共产品理论得到进一步发展与重构，区域性公共产品的概念应运而生（樊勇明，2010）。除了国际领域的区域性公共产品以外，在一国领域由于公共产品受益范围的跨区域性而出现了微观区域间公共产品供给不足的问题，针对该问题展开了对于微观领域的“区域性公共产品”的研究。

对于区域性国际公共产品已有很多研究，将公共产品理论与国际政治经济学理论相结合构建区域性公共产品理论，即从国际合作、区域经济一体化角度探讨区域性国际公共产品的供给主体和模式选择。随着我国提出的“一带一路”倡议的实施，“一带一路”沿线产生的一系列区域间合作也为区域性公共产品理论增加了实践与经验的积累，国内外学者以此为背景开展对区域性公共产品理论探讨以及对我国主导提供区域性公共产品的研究。此外，国际组织，尤其是区域性组织，如联合国、世界银行、美洲开发银行等，从全球公共产品、应对一体化、完善区域治理以及国际公共产品的实践视角对区域性国际公共产品展开研究。

当前对于微观领域的跨行政区域间公共产品的研究相对较为缺乏，且大部分研究是在对其他问题的探讨中提及区域性公共产品。国外学者在这方面关注于对分权理论的探讨，国内学者关注于目前存在的事权与支出责任划分和区域性公共产品的关联性。从微观角度研究“区域性公共产品”，财政学或者公共经济学领域的研究主要从公共产品分类、分权理论以及具体微观区域实践入手。对微观区域公共产品的内涵界定及供给问题的探究仍有待深入。

二、区域性公共产品概念界定

（一）区域概念的界定

研究“区域性公共产品”的概念需要对“区域”概念进行界定，且不同的“区域”概念会对“区域性公共产品”的研究对象及领域产生影响。目前对于“区域”概念的界定研究主要分别从不同的学科对“区域”作界定，包含地理学、经济学以及社会学等，传统上对于“区域”的界定主要包括两点：一是根据地理划分界定；二是根据功能导向划分。区域公共管理理论中对于“区域”的划分主要包括跨洲际区域的“宏观区域”、次区域跨境的“微观区域”以及一国范围内的“微观区域”。在此划分基础上相应产生不同的区域公共问题。陈瑞莲（2003）等学者认为从公共管理学科角度看，区域是一个基于行政区划又超越于国家和行政区划的经济地理概念。除此之外，通过“区域”概念与“公共产品”概念的结合可以将“区域”的界定通过公共产品的外溢性范围作划分。如 Stalgren（2000）认为可以从“外部性”角度界定“区域”概念，适度的区域应该仅限于受特定公共产品外部性影响的那些参与者参与的范围，从而界定公共产品的特定“区域”。

（二）国际领域的区域性公共产品概念界定

对于“区域性公共产品”的概念界定，最初的概念是在国际合作领域中基于“国际公共产品”和“全球性公共产品”研究角度提出的。此时对于“区域性公共产品”的界定局限于“区域性国际公共产品”。一些学者虽然提到“区域性公共产品”的概念，但其具体的界定仍然是针对国际公共产品来界定的。最初，托德·桑德勒（Todd Sandler）在《全球性和区域性公共产品：集体行动的预测》（1998）中提出：“区域性公共产品是在一个更有限的地理范围内产生非竞争性和非排他性收益。”随后，从公共产品供给和消费出发，定义区域性国际公共产品是“仅在某一特定区域内供给和消费，其利益惠及整个地区而非遍及全球的国际公共产品，是介于国家和全球性公共产品之间的一种形式”（Ferroni，2000；Estevadeordal，et al.，2002；王双，2010）。部分学者将公共产品理论与功能主义理论相结合，界定“区域性公共产品”为“为了满足区域内各国谋求繁荣、维护稳定的共同需求而由域内国家联合提供的产品和服务，其成本是由域内国家共同筹措的安排、机制或制度”（樊勇明，2008；贺平，2009，2012）。

从国际公共产品的视角可将公共产品按照区域分为区域性公共产品与区域间公共产品。其中区域间公共产品理论基础在于区域间主义（interregionalism）理论的发展。有文献在研究“一带一路”建设中公共产品提供问题时将“只服务于特定区域或跨区域，其成本又是由区域内或区域间国家共同分担的安排、机制或制度称为区域性或区域间公共产品”。并且将公共产品覆盖的范围分为两个层次：一个层次是公共产品的收益或“溢出效应”将辐射区域内所有国家；另一个层次是公共产品的“外溢效应”将覆盖跨越特定区域的若干国家（黄河，2015）。

（三）国内区域性公共产品概念界定

宏观区域的“区域性公共产品”的概念界定主要从经济一体化和区域合作角度着手，其对于“区域”的界定是国际领域中国家间区域的范畴，其“公共产品”主要针对国际公共产品。随着该理论发展的逐步成熟，一些学者开始将“区域性公共产品”概念延伸至国内区域，开始对国内微观领域的跨区域“公共产品”问题展开研究，这部分研究的理论依据主要在于区域公共管理理论。陈文理（2005）在分析区域性公共产品的界定中指出：

“区域性公共产品是一国主权范围内，跨越两个以上相同或不同管理层级或部门之间的区域公共产品。”

从微观角度研究“区域性公共产品”，以财政学或者公共经济学理论为基础，对其内涵的界定主要从公共产品分类、分权理论两个视角入手。

从公共产品分类出发，根据受益程度不同而存在着与地域范围联系的差异性，一般将公共产品分为全国性公共产品和地方性公共产品，但这种分类界限并不明确，很多公共产品的受益范围并不仅仅局限于行政区域，由此引出微观区域的区域性公共产品。在此基础上将公共产品进一步细分，按照共用地域将公共产品划分为四类：全球性共用品（international or global public goods）、全国性共用品（national public goods）、区域性共用品（regional or local public goods）和地方性共用品。“全球性共用品”是指多国公民能同时享用的共用品，其收益外溢到其他国家，比如大气层的保护。“全国性共用品”是指一国公民都能毫无额外成本地享用的共用品，如国防、法律制度等。“区域性共用品”是指某一地区的居民能够享用的共用品，如三峡工程的建成使整个长江流域特别是靠近三峡的几个省区受益。“地方性共用品”是指某一地方（如城镇、街道）的居民可以享用的共用品，如街灯使附近的居民受益最大。随着区域性公共产品的提出，其受益范围大小的界定也存在一定的争议，储敏伟、章辉等人提出将区域性或地方性公共产品划为一类，同时提出了更加微观的“社区性公共产品（community public goods）”。

分权理论作为政府间事权与支出责任划分的理论依据，也为公共产品跨行政辖区供给问题的研究提供了一些理论参考。马骁、周克清（2017）在谈及政府间事权划分原则时引入区域性公共产品，并提出区域性公共产品可由高层次政府来协调提供。比如，江河湖泊的流域治理一般由中央政府协调各地方政府来提供。

（四）外溢范围视角界定区域性公共产品

相当一部分国内外学者从公共产品外溢性视角定义区域性公共产品，并依此对公共产品作分类。根据区域公共管理理论对于区域的划分可以将公共产品从外溢性角度划分为外溢性覆盖全球的宏观区域公共产品、外溢性跨国界但未波及全球的次区域公共产品、外溢性局限于一国国内但跨行政区的微观区域公共产品（James H. Miteerman，2002）。区域性公共产品是指其利益惠及一个确定的区域的公共产品，其涉及的具体领域包括环境、医疗、基础设施等（D. G. Arce & T. Sandler，2002；汪阳红，2013）。大卫·N. 海曼在谈到联邦地方公共产品供给时，界定“地区间外部性”是指地方公共产品和服务给其他政治管辖区中的居民带来的成本或收益。由此得到对区域性公共产品的界定，区域性公共产品正是由于这种地区间外部性所带来的成本或收益超出了地区的边界而产生的。孙健夫、王延杰等（2016）结合政府间财政关系理论指出，政府间公共职责与权限的理论依据是公共产品的层次性，其层次性根据区域外溢性分为全国受益的公共产品、辖区受益的公共产品和辖区受益为主的具有受益区域外溢性的公共产品等不同类别。其中受益上的区域外溢性导致区域性公共产品和公共服务的产生。除此之外，陈文理（2005）根据外溢性对区域性公共产品进一步细化为区域共享型公共产品和区域关联性公共产品。

三、区域性公共产品的供给

对于区域性公共产品的供给研究主要集中在供给主体、供给模式以及供给效率的研究。

（一）供给主体

国际区域性公共产品供给的主体主要包括主权国家、国际政府间组织以及以非政府组织为主体的全球公民社会三种，其中非政府组织主要包括各种跨国活动的社团（席艳乐、李新，2011）。在国际政府间组织中，经济合作与发展组织（OECD）及区域性开发银行的供给作用越来越重要。大多数非政府组织参与区域性公共产品的供给，打破了主权国家独自供给公共产品的供给模式（Ferroni，2000；Estevadeordal，et al.，2002）。

国内区域性公共产品的供给主体主要包括中央政府、地方政府、政府与社会资本合作等。哈维·S. 罗森（2015）在其分权制理论中提及区域性公共产品供给的难点。产生溢出效应的公共产品虽然理论上可以根据外部性原则将该公共产品置于一个地区政府之下，但在实践中由于各地的偏好差异性，很难存在更大的统一政府部门来提供公共产品。对于微观的区域性公共产品，其供给涉及中央政府与地方政府、地方政府之间的事权责任划分、转移支付制度的完善问题等，其主体涉及多层政府部门，需要加强这部分领域的研究。

（二）供给模式

1. 以供给主体为标准的供给模式

根据供给主体的特点，区域性国际公共产品由域内国家联合供给的模式可以划分为以下三类：以北美自贸区为代表的霸权国主导供给模式，由美国主导，加拿大和墨西哥参与。以欧盟为代表的轴心国家主导供给模式，由法德两国主动承担欧洲地区公共产品的供给，其他欧盟成员国参与。以东盟及“10+3”为代表的小国联盟主导供给模式，由东亚10个小国组成的东盟主导提供东亚地区国际公共产品，中、日、韩三个地区大国参与供给。对于以上三种模式的探讨，一些学者赞成第三种模式，因为该模式与其他模式最根本的区别在于其基点是合作共赢，目的是促进国家间合作和区域内经济发展（张建新，2009；高程，2010；樊勇明等，2014）。除此之外，一些创新性供给模式也在逐步兴起，如多种供给主体并存的供给模式。对于国际领域的区域性公共产品来说，主要是指全球公私伙伴关系（Global Public Private Partnership，GPPP），具体指跨越国境的公共部门与私人部门合作提供区域性公共产品所形成的伙伴关系。而对于微观区域性公共产品的供给，也出现了公共私营合作制（Public Private Partnership，PPP）的供给模式，具体指政府与私人组织之间共同提供区域性公共产品而形成的伙伴关系。

2. 以供给形式为标准的供给模式

区域性国际公共产品的供给形式主要包含对外援助与区域合作两种类型。随着区域性公共产品数量的增加，国际组织的对外援助范围逐步扩大。事实上，据黑尔穆特·

雷森（Helmut Reisen）等（2004）研究发现，1997—2001 年，OECD 发展援助委员会（Development Assistance Committee，DAC）的捐助国把 30% 的 ODA 投入了国际公共产品：全球公共产品和区域公共产品各占一半。对外援助形式的主要供给主体是发达国家和国际金融机构，这对欠发达或发展中地区有一定的帮助，但是在这种援助供给模式下，存在着援助资金有限、国际援助投入生产的区域性公共产品供给不足以及援助产品无法满足受援助地区个性化需要等问题。除对外援助形式之外，在区域主义理论的研究中，区域内国家联合供给作为区域性公共产品供给的主要方式。区域性公共产品与区域间合作相互促进，区域性公共产品的区域合作中除了供给的合作以外，融资的合作也相当重要，需要与国家开发行机构以及国际知名商业银行展开合作，为区域性公共产品的供给扩宽融资渠道。除了传统的对外援助和区域合作模式之外，目前在新的供给模式上也有一些实践，包括私人资本参与的 PPP 模式、核心行动与补充性行动的共同应用等（黄河，2010，2015）。

微观区域性公共产品的供给形式主要是中央政府的一般性转移支付与专项转移支付、政府间横向转移支付、非营利组织运营以及公私合营模式等。部分学者从补偿地方外溢效应来论证区域性公共产品的供给扭曲问题，这既是政府间转移支付制度的原因，也是转移支付制度在区域性公共产品供给中的模式应用。

3. 以社会聚合功能为标准的供给模式

从社会聚合功能的角度来研究，区域性公共产品的供给模式如表 1-1 所示，供给模式因参与各方的贡献不同而有区别。

表 1-1　按照社会聚合功能划分的区域性公共产品的供给模式

供给模式	具体内容
简单加总（summation）	区域性公共产品由域内各方共同承担，供给的总水平等于各方贡献的总和
加权总和（weighted sum）	公共产品供给的总水平等于各方不同权重的贡献的总和
最弱环节（weakest link）	贡献最小者的公共产品供给决定着供给的总水平
次弱环节（weaker link）	贡献最小者对公共产品的总供给水平影响最大，贡献稍小者的影响次之，以此类推
最优环节（best shot）	指贡献最大者的公共产品供给决定着供给的总水平
次优环节（better shot）	贡献最大者对公共产品的总供给水平影响最大，贡献稍大者的影响次之，以此类推

资料来源：Arce M. &Sandler，2002；Estevadeordal，et al.，2002.

四、区域性公共产品的供给效率及最佳供给机制

在对区域性公共产品供给效率的研究中，一般都是以具体实践及区域为出发点，通过构建计量模型对区域性公共产品供给效率作评价。伍凤兰（2015）通过建立结构方程模型，对珠江三角洲（以下简称珠三角）区域面板数据作实证分析，评估了珠三角区域公共产品的配置效率。从产出—效果的分析得出，各地市政府对外溢性更强的善意型公共产品供给的倾向性要低于有利于本地市居民利益最大化的公共产品。

对于区域性公共产品的最优供给模式，大多数学者以博弈论为基础，构建博弈模型分析。席艳乐、李新（2010）运用囚徒困境模型论证了成本分担机制的资源配

置的有效性，同时说明了门槛技术与返还贡献原则对于供给的重要作用，最终论证了成本分担与返还贡献并行可以得到的最优纳什均衡策略。刘蓉、刘楠楠等（2013）基于动态博弈运用非合作博弈均衡模型研究不同策略下两种地区间外溢性公共产品的合作机制和供给效率。通过模型得出满足帕累托最优的均衡结果是以匹配率方式的间接提供和直接提供外溢性公共产品。王长宇、王偲桐（2015）通过建立博弈模型来探讨地方政府对公共产品供给的行为决策机制，并用庇古补贴和科斯定理探讨路径选择。除得出最优均衡策略外，杨海燕（2016）基于合作博弈模型对区域合作下区域性公共产品供给的有效合作机制做了研究，得出有效合作的三个条件：集团内部合作、利他主义偏好以及含约束力的协议保证。对于完善供给制度的研究，陆军、尹慧（2010）采用了区域性公共产品生产区位的收益选择模型，从利益最大化角度求解最优区位，并在此基础上结合成本因素构造出区位的成本选择模型，为区域性公共产品的供给寻求最佳区位选择。

五、评述

目前关于区域性公共产品的研究大多集中在区域性国际公共产品，对于区域性国际公共产品的内涵界定、供给主体及供给模式方面都有较深入的研究，但随着国际区域合作越来越密切，特别是“一带一路”倡议的实施，许多沿线国家或地区间的区域性公共产品由于国家的差异性和特殊性与已有的区域性公共产品有一定的区别，因此，对于新产生的区域性国际公共产品的实践需要进一步结合各个国家国情的独特性开展进一步的探究，特别是在供给主体和模式上作新的探索和创新。

相比之下，对于国内跨行政区域的区域性公共产品的研究相对较少，首先，其本身的内涵界定较为模糊，大部分研究并未对区域性公共产品作界定，特别是对“区域”的界限界定较为模糊，需要通过理论研究和实践进一步清晰界定。尤其是对于我国的区域性公共产品的研究，需要结合我国的多层级政府的特殊国情展开研究。其次，对于国内的区域性公共产品，其供给主体大多依赖于政府主体，而其他非政府组织或公众的参与度较低，应该结合供给模式创新，加强其他主体对区域性公共产品供给的参与度。最后，区域性公共产品在地区间的外溢性以及涉及主体的复杂性增加了对其供给效率衡量的难度，在这方面需要不断通过对具体实践及案例的实证分析评估供给效率，从实践入手开展区域性公共产品供给有效性的比较分析，以期探索衡量区域性公共产品供给效率的合理方法。

鉴于此，有必要结合公共产品理论、政治经济学、公共管理理论等相关理论，深入研究区域性公共产品供给模式和供给效率评价，开展对区域性公共产品需求方面的研究，从供给和需求两个方面对区域性公共产品作研究，进一步完善区域性公共产品理论的构建。

参考文献

[1] 黄河．公共产品视角下的“一带一路”[J]．世界经济与政治，2015：06，138－160.

[2] 王长宇，王偲桐，杜浩然．地方外溢性公共产

品的供给问题探讨［J］. 经济科学，2015：04，44－53.

［3］樊勇明，钱亚平，饶芸燕. 区域国际公共产品与东亚合作［M］. 上海. 上海人民出版社，2014.

［4］樊勇明. 从国际公共产品到区域性公共产品——区域合作理论的新增长点［J］. 国际政治经济学，2010：01，143－158.

［5］樊勇明. 区域性国际公共产品——解析区域合作的另一个理论视点［J］. 世界经济与政治，2008：01.

［6］贺平. 日本的东亚合作战略评析——区域性公共产品的视角［J］. 当代亚太，2009：05.

［7］贺平. 区域性公共产品与东亚的功能性合作——日本的实践及其启示［J］. 世界经济与政治，2012：01.

［8］贺平. 区域性公共产品、功能性合作与日本的东亚外交［J］. 外交评论，2012：06，99－112.

［9］陆军，尹慧. 城市群条件下区域性公共产品的区位选择分析［J］. 中国软科学，2010：08，99－105.

［10］肖加元. 公共品单向外溢下地方政府间演化博弈——以跨区域水资源生态补偿为例［J］. 财政与税务，2016：37，112－123.

［11］刘蓉，刘楠楠，黄策. 地区间外溢性公共品的供给承诺与匹配率研究［J］. 经济研究，2013：10，99－105.

［12］杨海燕. 区域公共产品的供给困境与合作机制探析——基于合作博弈模型的分析［J］. 复旦国际关系评论，2016：16，16－33.

［13］陈瑞莲. 论区域公共管理研究的缘起和发展［J］. 政治学研究，2003：04，75－84.

［14］陈文理. 区域公共产品的界定及分类模型［J］. 2005：02，34－37.

［15］伍凤兰，陶一桃．区域公共产品的有效供给［J］. 2015：10，15－20.

［16］胡望舒，寇铁军，饶芸燕．区域性国际公共产品研究评述［J］. 地方财政研究，2016：09.

［17］王双．中日韩三国经济合作与东亚区域性公共产品的供应——以全球金融危机为背景［J］. 国际展望，2009：06.

［18］高程．区域合作模式形成的历史根源和政治逻辑——以欧洲和美洲为分析样本［J］. 世界经济与政治，2010：10，33－57.

［19］高程．区域公共产品供求关系与地区秩序及其变迁——以东亚秩序的演化路径为案例［J］. 世界经济与政治，2012：11，4－30.

［20］马骁，周克清．财政学（第3版）［M］. 北京．高等教育出版社，2017.

［21］王晓光．财政学［M］. 北京．清华大学出版社，2016.

［22］储敏伟，章辉．财政学（第4版）［M］. 北京．高等教育出版社，2018.

［23］孙健夫，王延杰，杨文杰．财政学［M］. 北京．高等教育出版社，2016.

［24］［美］大卫·N. 海曼（David N. Hyman）著，张进昌译．财政学：理论、政策与实践（第10版）［M］. 北京大学出版社，2015.

［25］哈维·S. 罗森（HarveyS. Roson），特德·盖亚（TedGayer）著，郭庆旺译．财政学（第3版）［M］. 北京．中国人民大学出版社，2015.

［26］Sandler，T. "Global and Regional Public Goods：A Prognosis for Collective Action"，*Fiscal Studies*，1998，19

(3): 221 - 247.

[27] Arce M., D. G. and Sandler, T. Regional Public Goods: Typologies, Provision, Financing, and Development Assistance [R]. EGDI, 2002.

[28] D. Kelleher. Global Public Goods: International Cooperation in the 21st Century, *Oup Catalogue*, 1999, 5 (4): 153 - 156

[29] M. Ferroni. Reforming Foreign Aid: The role of International Public Goods, World Bank Document, 2000.

[30] M. Ferroni. Regional Public Goods in Official Development Assistance, Springer US, 2002: 157 - 186.

[31] LU Xiao - li, LU Mao - lin. Analyzing the Supply Modes of East Asian Regional Public Goods. International Conference on Public Administration, 2015: 543 - 549.

[32] A. Estevadeordal, B. Frantz, TR Nguyen, AD Bank. Regional public goods: from theory to practice [M]. The IDB Publications Section. 2002.

第二章

区域性公共产品的内涵界定

本章从公共经济学、公共管理学、区域经济学、行为经济学等理论视角阐述了区域性公共产品的内涵界定。区域性公共产品是在特定区域范围内具有非排他性和非竞争性的公共产品，是由区域内多个政府主体、多级财政共同参与供给的公共产品，是区域内利益相关者不断博弈后集体选择的结果，其收益外溢性在一定程度上抑制跨区域公共产品供给主体的积极性。

一、在特定范围内具有非排他性和非竞争性的公共产品

1954 年，经济学家保罗·萨缪尔森在他的经典著作《公共支出的纯理论》（*Pure Theory of Public Expenditure*）中首次提出了集体消费品（collective consumption goods）的概念，在他后来的研究中将其改为公共消费品（public consumption goods），并进一步简化为公共品（public goods）一词，也就是我们现在所谈论的纯公共品的概念。在这篇文章中，萨缪尔森首次尝试了定义市场中公共行为的后果，并提出了公共行为和集体消费商品不仅会影响直接消费者，同时也会对这些行为和商品的非直接相关人产生影响，即存在效用外溢。他的最终结论则是将公共品和私人商品区分为国家和非国家的功能或者说责任。他认为公共品并不符合致市场有效的假定，公共品只能由国家来供给，才是有效率的，如果由私人供给公共品，则会产生市场失灵的结果。同时他也在这篇文章中给予公共品两个特性，即非排他性和非竞争性，最典型的标准例子就是国防、公共卫生以及灯塔①。

在公共经济学中，通常用非竞争性（non - rivalry）和非排他性（non - excludability）这两个特点来定义公共品

① 技术的快速变革，改变了传统公共产品特征的识别，提供了公共产品特征转变的新的可能，公共品的类别划分表述、供给方式等因之有新的变化。例如，依托现代海事卫星定位技术、灯塔的用户可以有效识别并计费，其非排他性特性改变，具有排他性特征。

(public goods)，并将其和私人品（private goods）分开讨论。非竞争性是相对于竞争性而言的，是指任一消费者对公共品的消费不会以减少其他消费者可以消费的公共品数量为代价，或者说不会减少公共品给其他消费者带来的收益。非排他性则是相对于排他性而言，是指公共品的任何一个消费者都不能阻止其他人对同一公共品的消费。理论上，同时具有非竞争性和非排他性这两个特点的消费品，我们一般称之为纯公共品（pure public goods)。纯公共品虽然是绝大多数公共经济学分析的基础，但在实际生活中，很难找到同时完全满足非排他性和非竞争性这两个特点的公共品。当很多消费者同时消费同一公共品时，人们从公共品中得到的收益会因为人数过多而受到损害，其就会转变成为具有竞争性的商品。比如道路或者公园，人们的收益会因为公园或者道路变得拥挤而不断减少，这类公共品就是非纯公共品（impure public goods)。因此，传统公共经济学从纯公共品出发，放宽非竞争性和非排他性的条件，将公共品分为三类，如图 2 - 1 所示，这三者在排他性和竞争性上各有分别，且其实质随着更具竞争性或者更容易排他逐渐变化。关于公共资源，一般的例子是公地（commons)，比如可以自由捕鱼的湖泊或可以任意放牧的草地等。这类物品通常易发生的问题是人们存在过度使用资源的倾向，而通常情况下的解决方案就是规定产权所有制或是通过法律制度，从而达到限制人们随意滥用资源的目的。俱乐部物品则是指某类可以具有排他性并介于纯公共品和私人品之间的准公共品，仅仅只有俱乐部内的成员才可以从俱乐部公共品中受益，俱乐部以外的人们被这个制度排除在外，无法享受其利益。俱乐部公共品包括区域公园、区域网络、交通基础设施、地区反恐和生物危害防治等。

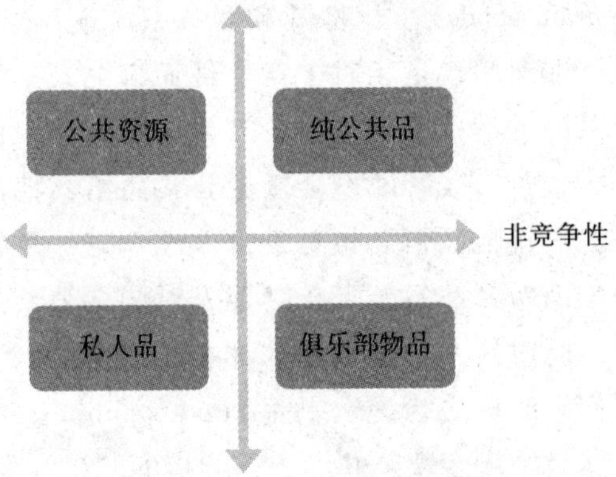

图 2-1 公共品的分类

本章所讨论的区域性公共产品正是建立于纯公共品这个基准概念的基础上，但不仅仅包括纯公共品，也包括俱乐部物品、公共资源甚至是一些合作提供的商品。

非竞争性和非排他性这两个纯公共品的传统特征直接导致了市场供给公共品失灵，只能由政府或者某些社会组织来供给公共品。首先，非排他性不能排除没有贡献的主体获益，只要提供了公共品，为了增加自身整体的消费收益，并将自身资源用于其他无法免费享用的商品，消费者就有动机免费享用公共品而不付出成本。因此，公共品无法被充分供给或者完全无法供给。其次，非竞争性意味着多增加一个消费者的边际成本为零。当基于排他性收费使用公共品时，即使没有增加额外的成本，一些潜在的能够获得收益的消费者仍旧会被拒绝使用公共品，从而降低了社会整体效率。因此，公共品一般无法由市场来有效供给。

根据传统公共经济学理论，公共品可以被分为两类：一类是全国性公共品，另外一类则是地区性公共品。全国性公共品由国家提供，满足全国人民的公共需求，收益范围涵盖全国人民，在全国范围内都具有一定的非排他性和非竞争性。而地区性公共品由地方政府提供，只针对某一特定人群，只有地区内特定居民能享受到区域性公共品，或者仅仅是只在特定范围内具有非排他性和非竞争性的公共品。因此，从传统公共经济学这个角度出发，区域性公共产品是指受益范围跨越多个地区，在区域内具有非排他性和非竞争性，并且由多个政府主体共同提供的公共品。

二、区域内多个政府主体、多级财政共同参与供给的公共产品

区域是个覆盖范围比较广泛和复杂的概念，可以从地理联系、行政管理、经济规划、历史沿革等多个方面作定义和理解。不仅是社会科学，自然科学也对区域这个概念做了研究和定义。从地理角度看，区域一般是指地理上相近或相邻的地区的集合，比如京津冀区域。而从区域经济学角度而言，区域是自然地理和经济学的结合，其不仅仅只讨论自然的地理分割所形成的区域划分，也从经济条件出发，同时将经济要素相关或是有经济活动相互来往的地区囊括进来形成一个整体经济体，比如长江经济带等。也就是说，区域可以指在一定的地理空间内某个特定的区域体中的自然资源、经济行为、社会制度、人力资源、教育水平以及交通设施等因素相互影响、相互作用，共同对该区域整体的经济社会发展产生影响。

地区是国家范围内分成的小块地理区域，其界限可能是板块运动形成的，也有可能是地理学上的分界，甚至有

可能是政治、文化、历史等多种原因形成的。某些地区的特点能够影响公共产品受益的外溢程度，比如某些山川河流等自然屏障就会影响外溢的地理范围。因为气候、土壤等一些地面条件不同，某些农业方面的研究也有可能只使得某个地区受益。因此，有些公共产品会因为某些地区的天然条件使其受益只局限于某些地区，而另外一些地区提供的公共产品，如疾病、害虫等的防治则可能会产生跨地区的正外部性，形成区域性公共产品。

进一步地结合公共管理理论和区域经济学理论，区域性公共产品包含在区域公共管理领域内，区域性公共产品即跨越不同行政规划地区，由多个政府主体共同管理的公共事务或提供的公共产品。一般来说，按管理主体划分，区域性公共产品可以分为两类：一类是国际区域性公共产品，另一类是国内区域性公共产品。国际区域性公共产品涉及两个或者两个以上主权国家或者国际组织的利益相关，以主权国家或者国际组织共同作为公共事务的管辖主体，共同提供区域性公共产品。国际区域性公共产品的受益范围跨越国家，覆盖到多国人民。而国内区域性公共产品，是针对单一主权国家内部而言，涉及两级或者两级以上多个政府主体的利害关系，由多级政府共同管辖或提供。自分税制改革以来，我国政府按照“一级政府，一级财政，一级预算”的原则履行公共职能。截至 2019 年年底，我国省级区划数为 31 个（不含台湾省、香港和澳门），地级区划数为 333 个，县级区划数为 2846 个，乡镇级区划数则为 38727 个。从理论上说，不论是跨省、跨市、还是跨县级都可以从不同程度和规模上认为是区域性公共产品，是由区域内多个政府主体、多级财政共同参与供给的公共事务。

三、区域内利益相关者不断博弈后集体选择的结果

19世纪50年代，萨缪尔森第一次为公共品作权威的理论论证时，首次提出了集体消费品（collective consumption goods）的概念，并用数理模型证明了私人市场不能自发提供公共品，且最终会导致市场提供公共品的无效率。1995年，经济学家奥尔森发表了他的经典著作《集体行动的逻辑》（*The Logic of Collective Action: Public Goods and The Theory of Groups*），以"理性人"假设为基础，从全新的角度对公共品理论作了阐释和丰富，打开了以集体行为理论分析公共品供给困境的大门。集体行为理论认为，每个独立理性人行为的最终目标都是自身收益的最大化，共同利益和个人利益一致时，个体会自发以集体利益最大化为目标，集体行为也就成为所有利益相关者个体行为的集合，而公共品的有效供给则是这个集体选择的结果。

奥尔森认为，集体利益事实上可以等同于或类似于某类公共品，而集体行为则可以等同于公共品供给的过程。他认为，集体行为达成的公共品有两个特点：一是供给的相联性（jointness of supply），也就是说商品提供给第一个使用者的成本和提供给许多其他使用者的成本相同或者说几乎不变。二是排他的不可能性（impossibility of exclusion），也就是我们现在所说的非排他性。公共品的这两个特性导致了"搭便车"行为，集体公共品不会将没有承担成本个体排斥在外，不付出公共成本和不承担公共责

任的个体也能获得集体公共品的收益，也就是说集体中的每个人都有“搭便车”的动机，都有不付出成本的行为倾向。

此外，和囚徒困境的一次博弈模型不同，奥尔森所描述的是一种个体理性和集体理性相悖的 n 次迭演博弈模型，他反驳了传统的集体行为理论，即相同利益的理性个人会为他们的集体利益行动。相反，他认为，在 n 个理性个体行为选择后，除非 n 很小，或者集体存在某种强迫性的机制，否则理性的、追求自我利益的个人不会为集体利益行动，也就是说个体不会在追求集体利益时采取合作性的行为。集体行为不一定会导致集体利益，这就是我们现在所谈论的公共品供给的“奥尔森困境”。并且，在 n 人组成的集体中，他假设 n 是决定集体规模的唯一因素，当 n 越大时，不仅存在更多“搭便车”的可能性，所分到的平均利益更少，个体之间达成合作所需要的组织成本和监督成本也越高，公共品的最终有效供给就越难达到。

由此，从行为经济学这个角度出发，区域性公共产品是某个区域内的利益相关者，出于共同的自身利益形成集体后在不断的相互博弈后作集体选择的结果。

四、收益外溢性抑制跨区域公共品供给主体的积极性

萨缪尔森首次对公共品作权威定义时，就使用了非排他性和非竞争性这两个特性，用于区别公共品和私人商品。此外，相比于国家整体公共品而言，区域公共品只服

务于某个特定的区域内，涉及多个省份或者是多个市、县，其非竞争性和非排他性也只针对该区域内的居民而言。除了非竞争性和非排他性这两个公共品共有的特征外，区域性公共产品还有跨地区收益外溢性的特点。

在经济学中，外部性（externality）是指个人或者集体的行为和决策使得另外的个人或者集体获益或受损，或者说个人或集体没有承担完全的行为成本或享受到完全的行为收益。而经济外部性则是指经济主体的经济行为对其所处的经济环境所产生的影响，一般可以分为正外部性（positive externality）和负外部性（negative externality）。正外部性是指社会收益大于个人收益的部分，其他获得收益的主体不用为获益额外负担成本；而负外部性则是社会成本大于个人成本的部分，同样地，造成社会成本的经济主体也不用额外付出代价。由于公共品的非竞争性和非排他性这两个特征，其不可避免地会产生社会外部性。对于单个地区的公共品而言，其收益不会外溢到其他地区，比如地区的武警、电视广播、地区特有疾病治疗以及区域洪水防御和治理等。而对于大多数跨区域性公共产品来说，即便仅仅由某个地区或几个地区提供，但其收益除了会覆盖提供公共品的地区外，同时也会外溢至两个或两个以上地区。区域性公共产品这种跨地区收益外溢性，就会产生某些获益地区的“搭便车”行为，而区域性公共产品的提供者，其成本不能得到完全补偿，就会不断减少其供给积极性，从而事实上阻止了区域性公共产品的提供。

参考文献

［1］李国选．南海共同开发困境：以区域公共产品供给为视角［J］．南洋问题研究，2017：01，84－93．

[2] 潘曦，罗刚平．区域公共品供给失效的外部性研究及对策 [J]．西南农业大学学报（社会科学版），2009：06，46－50.

[3] 樊轶侠．"奥尔森困境"的博弈分析及对我国地方政府间区域公共产品有效提供的启示 [J]．经济经纬，2009：02，12－15.

[4] 韦倩．增强惩罚能力的若干社会机制与群体合作秩序的维持 [J]．经济研究，2009：10，133－143.

[5] 黄河．区域性公共产品：东亚区域合作的新动力 [J]．南京师大学报（社会科学版），2010：03，62－68.

[6] Boonen C., et al. Governing as commons or as global public goods: two tales of power, *International Journal of the Commons*, 2019, 13 (1): 553－577.

[7] Hazelkorn E., Gibson A. Public goods and public policy: what is public good, and who and what decides?, *Higher Education*, 2019 (78): 257－271.

[8] Wei－Bin Z. Multi－regional economic growth with public good and regional fiscal policies in a small－open economy, *Ann Reg Sci*, 2014 (52): 409－429.

[9] Sandler T., Daniel G. A Conceptual Framework for Understanding Global and Transnational Public Goods for Health, *Fiscal Studies*, 2002, 23 (2): 195－222.

[10] Sandler T. Global and Regional Public Goods: A Prognosis for Collective Action, *Fiscal Studies*, 1998, 19 (3): 221－247.

[11] Samuelson P. A. Aspects of Public Expenditure Theories, *The Review of Economics and Statistics*, 1958, 40 (4): 332－338.

第三章

区域性公共产品有效供给面临的难题

——基于博弈模型的分析

由于公共产品消费的非竞争性和非排他性这两个典型特征，区域性公共产品也会面临无法有效供给等市场失灵的问题，本章从供给主体、供给模式和供给效率三个角度出发，在集体选择和博弈论等理论基础上，分别讨论了我国区域性公共产品供给存在的困难和挑战。

一、供给主体间的博弈

一般认为，全国性公共产品是中央政府的供给职责，地区性公共产品则为地方政府的供给职责。区域性公共产品不可避免会存在外部性外溢至多个行政区划的现象，因此，不论是供给过程还是供给结果必然会涉及多级政府主体、同级多个政府主体之间的利益关切和冲突。公共经济学认为政府在提供公共产品（服务）时，其目的一般是最大化各地区内某类社会福利函数，考虑社会成本和收益，以期提高社会效率。政府行为的决策者一般同样地有扩大其在任时政绩的倾向动机，一方面，地方公共产品（服务）的数量和质量属于考察地方政府官员在任业绩的指标；另一方面，提供良好的公共产品（服务），有利于地方改善营商环境，推动经济增长，地方政府官员也可以得到更好的政绩，从而获得升迁机会。因此，作为理性的政府决策者，同样也会考虑是否充分有效提供公共产品（服务），以寻求供给区域性公共产品的“成本”和“收益”之间的平衡。

本书将区域性公共产品分为两类：一是由某个地区主导提供的区域性公共产品，区域内主导地区政府在选择是否提供公共产品（服务）时，可以选择提供或不提供，如果是正外部性的跨区域性公共产品（服务），其他地区的政府则拥有补偿和不补偿这种正外部性的行为动机，比如河流上游水资源治理、传染性疾病的防治等。如果是负外部性的区域性公共产品，则存在主导地区政府是否要为其负外部性承担成本的问题，比如某些会对环境造成污染的公共物品。二是区域内各个地区政府合作共同提供的区域性公共产品，这类公共产品通常具有效用外溢性强的特点，供给的成本和收益难以平衡，并且单个地区没有足够的财政能力来供给，需要多个地方政府合作共同提供，比如公路等交通基础设施、灌溉工程等。但是，无论是主导模式还是合作模式，都存在极大的“搭便车”行为动机，可以说，区域性公共产品供给失效实际上是一种囚徒困境或者集体行动的困境。接下来将分别从主导供给模式和合作供给模式分析各地区政府间供给区域性公共产品的冲突博弈。在负外部性区域性公共产品的情况下，提供公共产品的地区获得的收益远大于其社会成本，因此在其有充分的财政能力情况下，其有相当大的动机来提供该公共产品（服务），比如某些促进经济发展但是破坏环境的基础建设项目很少会存在供给不足的情况。因此，本章主要讨论正外部性区域性公共产品，从其供给的角度出发，研究多方政府间的博弈。

（一）主导供给模式下供给主体间的博弈

首先，我们假设要提供某个区域性公共产品，在以某个地方政府为主导供给区域性公共产品模式中，博弈局中人有主导地区群体、补偿地区群体和协调管理机构。其中，主导地区群体是区域性公共产品的供给者；补偿地区群体是区域性公共产品的潜在受益群体，存在“搭便车”行为动机，是正外部性的溢出地区；而协调管理机构是冲突协调者，以促进全社会效用最大化和提高居民生活水平为目标，以某些特殊手段或者强制性机制达成主导地区和补偿地区的均衡策略，使得两者各自成本和利益的平衡成为可能。

用 Z 代表主导地区政府，它可以采取提供或者不提供区域性公共产品两种策略，则其策略集 Z = {提供，不提供}，主导地区政府供给区域性公共产品的成本为 c，初始收益为 m_1；用 B 表示补偿地区群体，它也有两种策略，补偿或者不补偿主导地区的外部效应成本，则其策略集 B = {补偿，不补偿}，其从区域性公共产品中获得的初始收益为 m_2；政府间的协调管理机构用 N 表示，其在主导地区和补偿地区间起到协调和监督的职责，如可以对主导地区补贴，以促进其供给公共产品或公共服务的积极性，或者在补偿地区采取不补偿的策略、妄图“搭便车”时，对其处罚，以补贴主导地区。当主导地区提供公共产品（服务）且补偿地区对其进行补偿转移时，主导地区补偿收益为 z，而补偿地区得到的区域性公共产品外部性收益为 b。同时，引入主导地区采取提供策略的偏好参数为 x，$x \in (0, 1)$，则其采取不提供策略的偏好为 $(1-x)$，补偿地区采取补偿策略的偏好参数为 y，$y \in (0, 1)$，则其采取不补偿策略的偏好为 $(1-y)$。在没有冲突协调者 N 时，该区域主导地区和补偿地区的得益矩阵如表 3－1 所示。

表 3－1　主导地区和补偿地区的政策得益矩阵

		补偿地区	
		补偿	不补偿
主导地区	提供	m_1-c+z，m_2-z+b	m_1-c，m_2+b
	不提供	m_1+z，m_2-z	m_1，m_2

从表 3－1 中可以得出，主导地区和补偿地区的收益矩阵中 {不提供，不补偿} 是占优策略，在理性人假设

前提下，都会抛弃严劣策略，而选择占优策略，因此｛不提供，不补偿｝是这个博弈的纳什均衡解。在这种情况下，区域性公共产品的有效供给是无法达到的，此时，我们引入第三方协调管理机构 N，用强制手段分别对不提供和不补偿策略惩罚。此时，协调管理机构对主导地区政府不提供策略的惩罚为 k_1，对补偿地区不进行补偿作惩罚为 k_2，则在有第三方协调管理机构实施惩罚机制的情况下，主导地区和补偿地区的政策得益矩阵如表 3－2 所示。

表 3－2　有惩罚机制下主导地区和补偿地区的政策得益矩阵

		补偿地区	
		补偿	不补偿
主导地区	提供	$m_1-c+z,\ m_2-z+b$	$m_1-c,\ m_2+b-k_2$
	不提供	$m_1+z-k_1,\ m_2-z$	$m_1,\ m_2$

对于主导地区来说，当其采取提供区域性公共产品策略时，其收益为 $\pi_{11}=y(m_1-c+z)+(1-y)(m_1-c)$；而当主导地区采取不提供策略时，其收益为 $\pi_{12}=y(m_1+z-k_1)+(1-y)m_1$；则其总收益为 $\pi_1=x\,\pi_{11}+(1-x)\pi_{12}$；其向采取提供策略演化博弈的动态复制方程，或者说其向提供策略收敛的速度为公式（3－1）：

$$F(x)=\frac{dx}{dt}=x(\pi_{11}-\pi_1)=x(1-x)(y\,k_1-c) \tag{3-1}$$

对于补偿地区来说，当其采取补偿外溢性策略时，其收益为 $\pi_{21}=x(m_2-z+b)+(1-x)(m_2-z)$；而当补偿地区采取不补偿策略时，其收益为 $\pi_{22}=x(m_2+b-k_2)+(1-x)m_2$；则补偿地区总收益为 $\pi_2=y\,\pi_{21}+(1-y)\pi_{22}$；其向采取补偿策略演化博弈的动态复制方程，或者说其向补偿策略收敛的速度为公式（3－2）：

$$G(y)=\frac{dy}{dt}=y(\pi_{21}-\pi_2)=y(1-y)(x\,k_2-z)$$

(3－2)

分别令 $F(x)=0$ 和 $G(y)=0$，可以得到5个局部均衡点，即为 $A(0,\ 0)$，$B(1,\ 0)$，$C(1,\ 1)$，$D(0,\ 1)$ 和鞍点 $E\left(\frac{z}{k_2},\ \frac{c}{k_1}\right)$，最终可以得到主导地区和补偿地区的演化博弈相位图，如图3－1所示。

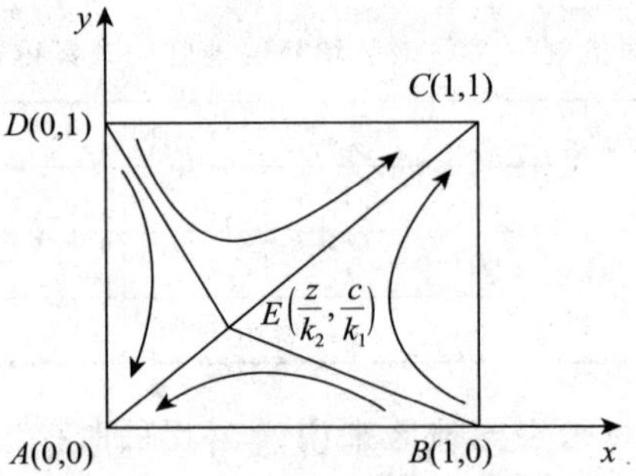

图3－1　主导地区和补偿地区演化博弈相位图

根据图3－1所示，在5个局部均衡点中，只有 $A(0,\ 0)$ 和 $C(1,\ 1)$ 是稳定的，也就是进化稳定策略，分别对应（不提供，不补偿）和（提供，补偿）策略。进一步，根据微分稳定性定理和进化稳定策略，当 x 取均衡值时，$F'(x)<0$，才是稳定点。因此，由 $F'(x)=(1-2x)(y\,k_1-c)<0$，可得主导地区政府进化稳定博弈策略，由 $G'(x)=(1-2y)(x\,k_2-z)<0$，可得补偿地区政府的进化稳定策略。由此，只有当 $k_1>c$ 时且 $k_2>z$ 时，才会得到 $x=1$，$y=1$ 为进化稳定策略，也就是说主导地区完全偏好于提供区域性公共产品，并且补偿地区完全偏好于补偿区域性公共产品的外部性，也即该博弈会向（提供，补偿）均衡点不断进化。而当 $x=0$ 时，要达到均衡结果，y

必定为0。也就代表只要主导地区完全没有提供区域性公共产品（服务）的偏好时，补偿地区也完全没有补偿外部性的可能性，该博弈最终都向（不提供，不补偿）策略点演化。也就是说，只有当对主导地区不提供区域性公共产品的惩罚值大于主导地区提供公共产品的成本时，主导政府才会采取提供策略。同样地，当对补偿地区不补偿外溢性时的惩罚值大于其补偿外溢性的支出时，补偿地区才会采取补偿策略。该博弈才会达到（提供，补偿）这个均衡点，从而区域性公共产品或者公共服务能够被有效供给，并且外部性也得到补偿和区间内部化，主导地区和补偿地区才会达到共赢的局面。

（二）合作供给模式下供给主体间的博弈

对于需要合作供给的区域性公共产品（服务）来说，由于其非竞争性和非排他性这两个自然特性，在没有惩罚机制的情况下，区域间内合作公共产品（服务）供给失效几乎是必然的。一般来说，区域内各地区达成合作，不仅可以减轻各个地区的财政负担、内化外溢性，同时也可以有效地配置区域内的公共资源，使得整个区域社会效率最大化，也可以提高区域内的社会整体福利水平。但是，由于政府决策者是理性经济人，都以自身利益为出发点，难免会存在机会主义的想法，都有“搭便车”的可能性，从而陷入囚徒困境。

首先，假定在某个区域内有 N 个地区，那么每个地区都有｛合作，不合作｝两种策略行为，假设区域性公共产品的回报乘数为 r，合作成本为 c，我们可以得到第 n 个地区的收益矩阵如公式（3-3）所示。

$$P_n = \{rc - c,\ rc\} \qquad n = 1,\ 2,\ 3 \cdots N \qquad (3-3)$$

其次，假设 N 个地区中，选择合作策略的地区有 x 个，选择不合作的地区有 y 个。同时，由于区域性公共产品的非竞争性和非排他性特征，公共产品的社会回报会在整个区域内平均分配，那么整个区域的总社会收益如（3－4）式所示，选择合作策略的平均收益如（3－5）式所示，选择不合作策略的平均收益如（3－6）式所示。

$$\max P = \sum_{n=1}^{x} c(r-1) + \sum_{n=1}^{y} cr \qquad (3-4)$$

$$\max P_x = \frac{1}{N}\sum_{n=1}^{x} c(r-1) \qquad (3-5)$$

$$\max P_y = \frac{1}{N}\sum_{n=1}^{y} cr \qquad (3-6)$$

可以得到，当所有的地区都选择合作策略时，即 $x=N$，$y=0$ 时，区域整体的社会收益和每个地区的个体收益都会实现帕累托最优的情况，如（3－7）式所示。

$$\max P = \sum_{n=1}^{x} c(r-1), \max P_n = \frac{1}{N}\sum_{n=1}^{x} c(r-1) \qquad (3-7)$$

但是，由于区域性公共产品的非竞争性和非排他性存在，一个地区即使没有付出任何成本，不作任何贡献，以"搭便车"的方式也同样可以获得上述收益 P_y。并且，cr 显然大于 $c(r-1)$，那么每个地区的决策者在理性情况下，都会选择不合作，以获得更大的收益，该博弈的最终均衡是所有地区都选择不合作。从演化博弈的角度来看，不论开始 x 和 y 所占 N 中的比例为多大，最终都会向 $y=N$，$x=0$ 所演化，以达到最终演化均衡。因此，该博弈的最终均衡情况的总收益和个体收益都为 0，每个地区都会选择不合作，从而是整体区域性公共产品的合作供给陷入困境。

没有惩罚协调机制存在时，区域性公共产品（服务）的合作供给模式就会陷入困境，此时需要引入惩罚监督机构 Z，这个机构会对没有贡献或不承担公共成本但享受收益的地区进行惩罚，惩罚强度为 θ。当惩罚强度 θ 大于每个地区公共产品合作供给成本 c 时，选择合作获得的收益就会大于选择不合作的收益，如（3-8）式所示。此时，每个地区的决策者就会放弃“搭便车”的行为，选择合作供给区域性公共产品的策略，共享收益，同时分担成本。

$$\max P_x = \frac{1}{N}\sum_{n=1}^{x} cr - c \geqslant \max P_y = \frac{1}{N}\sum_{n=1}^{y} cr - \theta \tag{3-8}$$

但是，这个惩罚监督机构需要是独立的第三方机构，且实施惩罚的成本不由区域内各个地区负担，否则就会存在二次“搭便车”的情况，破坏合作的均衡。

三、供给模式的有效性

（一）合作机制和利益补偿机制尚待健全完善

无论是国际上跨国家的区域，还是国内跨行政区的区域，多个地区联合共同发展经济，形成联合经济体，已经越来越符合当今合作发展经济的趋势。从宏观上来说，对于国内的某个区域而言，区域性的共同开发一般是由中央或者上级政府统筹规划，目标在于区域的协调发展，大多数是方向性或是战略性的指导方针，强调的重点是谋求整个区域整体的经济社会进一步发展。而从微观上来说，各个地区的具体政策和行动措施各有差别，都以自身的发展为前提，都希望通过区域性公共产品（服务）给自己的地区带来更多的利益和发展潜力，地方官员也希望通过区域性公共产品（服务）为自己提升政绩。因此，区域内各地区之间的相互竞争和利益博弈，难免会带来竞争成本并且提高达成合作的沟通成本。

一方面，我国区域性公共产品供给缺乏利益协调的合作机制。一般来说，需要合作供给的区域性公共产品(服务)，都与地方利益直接紧密相关，每个地方政府都有很强的动力主动提供该公共资源，吸引更多的资本投入或人才迁入，以提高自身经济社会发展水平，但是缺少以区域为整体的总体发展规划，缺少沟通合作机制。以长江三角洲（以下简称长三角）经济区为例，以上海为中心，周边的江苏、浙江和安徽省的市域都纷纷想融入上海金融中心，以求能共同享受长三角区域的经济收益。但各个地方的首要目标仍旧是发展其自身，各地的举措和行为都是以谋求本地自身的利益出发，并未将整个长三角区域的共同发展纳入考量。竞争供给会导致各地政府在提供公共产品时存在不同程度扩大自身实际需求的现象，没有以整体区域的经济活动、流量和总量来衡量，由此导致很多公共产品（服务）的供给过剩，比如重复建设机场等公共基础设施，造成公共资源浪费。同时，区域内不同行政地区间合作机制的缺乏也会导致各自为政、相互间争夺资本和市场份额，从而导致某些区域性公共产品的供给不足，比如跨地区的行政服务、公共医疗、基础教育等区域性公共产品（服务）存在落差。因此，供给合作机制的缺乏不仅会造成区域性公共产品的供给不足，同时也会造成某种程度上的供给过剩和资源浪费，长此以往，地区间的内耗竞争不利于区域整体经济的可持续高效发展。

另一方面，公共产品供给内化外部性的利益补偿机制缺乏。奥尔森曾在他的经典著作《集体行动的困境》中提到由于行为选择的外部性，不同规模的集体实现合作的积极性存在不同程度的差异，在区域性公共产品供给的过程中，行政地区的大小和经济发展的规模都会影响供给积极性。也就是说，区域性公共产品的外部性不可避免地会对不同政府主体的行为选择产生差异化影响，我国某些区域性公共产品在一定程度上获得了外部性补偿，但相当大部分外部性仍旧没有得到内化补偿。以长江流域的生态治理为例，上游地区对长江生态环境的改善毫无疑问会对下游地区产生正的外部效应，下游地区不用付出成本或者付出很少的成本就能获得较大的环境改善收益。上游地区承担治理成本和改善流域生态的动机往往不足，导致整个长江流域的环境保护力度不够，整个区域的环境形势都较为严峻。因此，为了区域的协调发展，平衡各方矛盾，建立以合理的补偿方式和补偿程度为基础的外部效应补偿机制是必不可少的。

（二）上下级政府间共同事权划分尚待完善

在我国的区域性公共产品中，多级政府主体共同合作分担的事项主要在基本公共服务领域，属于各级政府主体共同事权的范围，由多级财政共同负担供给。

2016年国务院出台了《国务院关于推进中央与地方财政事权和支出责任划分改革的指导意见》，该意见是国务院第一次比较系统提出从财政事权和支出责任划分即政府公共权力纵向配置角度推进财税体制改革的重要文件，是科学、合理、规范划分各级政府提供基本公共服务职责的综合性、指导性和纲领性文件。该意见指出，在推进中央与地方财政事权划分方面：一是要适度加强中央的财政事权；二是要保障和督促地方履行财政事权；三是要减少并规范中央与地方共同财政事权；四是要建立财政事权划分动态调整机制。在完善中央与地方支出责任划分方面：一是中央与地方的财政事权要分别确定由中央与地方承担支出责任，中央的财政事权由中央承担支出责任，地方的财政事权由地方承担支出责任；二是中央与地方共同财政事权要区分情况划分支出责任；三是要加快省以下财政事权和支出责任划分。

2018 年国务院办公厅印发了《基本公共服务领域中央与地方共同财政事权和支出责任划分改革方案》（以下简称《方案》），确定了基本公共服务领域共同财权事权范围。《方案》涉及人民群众基本生活和发展需要、现有管理体制和政策比较清晰、由中央与地方共同承担支出责任、以人员或家庭为补助对象或分配依据、需要优先和重点保障的主要基本公共服务事项，首先纳入中央与地方共同财政事权范围为八大类 18 项：一是义务教育，包括公用经费保障、免费提供教科书、家庭经济困难学生生活补助、贫困地区学生营养膳食补助 4 项；二是学生资助，包括中等职业教育国家助学金、中等职业教育免学费补助、普通高中教育国家助学金、普通高中教育免学杂费补助 4 项；三是基本就业服务，包括基本公共就业服务 1 项；四是基本养老保险，包括城乡居民基本养老保险补助 1 项；五是基本医疗保障，包括城乡居民基本医疗保险补助、医疗救助 2 项；六是基本卫生计生，包括基本公共卫生服务、计划生育扶助保障 2 项；七是基本生活救助，包括困难群众救助、受灾人员救助、残疾人服务 3 项；八是基本住房保障，包括城乡保障性安居工程1项。同时根据地区经济社会发展总体格局、各项基本公共服务的不同属性以及财力实际状况，基本公共服务领域中央与地方共同财政事权的支出责任主要实行中央与地方分档按比例分担，并保持基本稳定。各级预算在一般性转移支付下设立共同财政事权分类分档转移支付，原则上将改革前一般性转移支付和专项转移支付安排的基本公共服务领域共同财政事权事项，统一纳入共同财政事权分类分档转移支付，完整反映和切实履行中央承担的基本公共服务领域共同财政事权的支出责任。

共同事权主要针对与多级政府合作提供的区域性公共产品，由中央负责统筹协调和监督，已经初步形成了合作供给模式，而除了公共服务领域的中央与地方共同事权责任划分外，对于由某个地区单独主导提供的区域性公共产品而言，主要是通过地区间横向转移支付来补偿，是对其他地区的援助支出来实现外溢性的补偿。但地区间的援助支出尚没有具体标准，对于外溢性的补偿也针对性不足，补偿的精准性和充分性也不够。

（三）供给效率评估模型

在我国，区域性公共产品供给通常是由地方政府提供，以及中央政府通过转移支付支持实现的，这种转移支付制度包括中央纵向直接的一般性转移支付和专项转移支付，也包括经济发达地区给欠发达地区的横向转移支付，一般表现为预算中对其他地区的援助支出或接受其他地区的援助支出。通过财政收入在地区间的重新分配，可以补偿地方的财力不足，分担公共产品供给中的成本与风险，中央对地方的转移支付制度也有助于地方性公共产品供给中的风险应对，如应对地震、洪水等自然灾害的冲击影响。同样，由于地区间经济发展不平衡，居民收入不均等，中央的纵向转移支付和地方间的横向转移支付也能实现事前的收入再分配，进而缩小区域间的收入差距。

在区域性公共产品供给效用评估方面，常用的模型：一个是公共需求决定最优供给水平的需求模型，另一个则是供给方决定最优水平的供给模型。在公共经济学领域，需求模型的理论基础是中间投票人决定论。按照该理论，公共产品的供给水平往往通过政治程序决定，在一定的选举机制下，比如简单多数原则，不同的政党承诺供给不同水平的公共产品，相互竞争，以吸引投票，得到最多投票的政党则代表中间投票人对公共产品的需求，从而在投票中胜出，该政党将决定公共产品的供给。在区域性公共产品最优供给的需求模型中，最优的公共产品供给水平将由中间投票人效用函数最大化的数量所决定，并且公共产品的成本由所有居民共同承担。假定区域性公共产品的供给量为 G，居民数为 H，那么每个人承担的平均成本则为 G/H；消费者 h 的收入水平为 M^h，那么在承担公共产品的成本后，其可消费的私人品为 $M^h - G/H$，也就是说公共产品的实际价格为 $1/H$，中间投票人的效用函数则为 $U^h(M^h - G/H,\ G)$，则公共产品供给需求模型最优化如（3－9）式所示。

$$\max_{\{G\}} U^h\left(M^h - \frac{G}{H},\ G\right) \tag{3-9}$$

假设 H 为奇数，并且 $H > 2$，每个消费者都有单峰偏好，也就是说每个消费者的效用函数有且只有一个最优水平的公共产品供给量 G，使得其效用最大化。我们可以将消费者的偏好重新排序并编号，使其效用最大化时公共产品偏好量满足 $G^1 < G^2 < \cdots < G^H$。在以上假设下，中位者

投票定理保证了对公共产品供给量有中间偏好的消费者决定了简单多数投票的结果，也就是说排序在 $H+1/2$ 的位置的消费者具有中间偏好，记此位置的消费者为 m，则将该位置选择的公共产品供给水平记为 G^m。值得注意的是，在简单多数投票原则中，没有人能通过隐瞒自己的真实偏好获利，进行诚实的投票才是最优策略。因为，任何在中位者右边的消费者只能通过投票给中位者左边的供给量来改变投票结果，但这只会使得最终结果更加远离自身的真实偏好水平，对于中位者左边的消费者也是同样的结果。因此，可以推导出中间消费者 m 的偏好水平 G^m 是（3－9）式的最优解，中间消费者 m 一阶条件可以由边际替代率表示如（3－10）式所示。又因为有效率的结果满足萨缪尔森法则，整体边际转化率等于1，则如（3－11）式所示。并且，且仅当（3－10）式和（3－11）式满足（3－12）式时，才是有效率的。

$$MRS^m = \frac{1}{H} \tag{3-10}$$

$$\sum_{h=1}^{H} MRS^h = 1 \tag{3-11}$$

$$MRS^m = \sum_{h=1}^{H} \frac{MRS^h}{H} \tag{3-12}$$

也就是说，当且仅当中间投票人的边际替代率等于所有消费者的平均边际替代率时，简单多数投票决定的最优公共产品供给水平才是有效率的。但事实上，这是很难达到的条件，中位者的边际替代率很难和平均水平的边际替代率相等。

就我国的情况来说，需求方在公共产品供给过程中所能起到的作用很小，换句话说，我国的公共产品并非由消费者投票决定，因此区域性公共产品供给模型更适合评估我国区域性公共产品供给水平的问题。

进一步而言，区域性公共产品供给绩效衡量标准主要有：区域合作需求的满足程度、成本分担的公正程度、生产绩效的优良程度及利益分享的公平程度。一般认为，存在直接正溢出的情况下，区域性公共产品将不可避免供给不足。因为地方政府倾向将公共产品供给量确定于边际收益等于边际成本的点上。威廉姆斯（1966）认为，对于地方政府而言，溢出对其提供公共产品具有双重的影响。在溢出的条件下，地方政府可能提供一个大于或小于社会最优的数量。对于既定的辖区来讲，其最终提供的公共产品数量依赖于替代效应与收入效应之间的相对力量。具体而言，如果 G 为政府供给的区域性公共产品总量，则 g 为单个居民能够从该区域性公共产品中获得的收益，即人均供给量，Y 则为地区的一般公共服务总支出，则有（3－13）式所示。其中，$s(H)$ 反映了“收入效应”或替代效应对个人可得公共产品（服务）的影响。为了后文计量分析，可以令 $s(H)=H^{\theta}$。那么我们可以得到 g 对 H 的弹性 e 为（3－14）式所示。

$$g=Y\cdot s(H) \tag{3-13}$$

$$e=\frac{\partial g}{\partial H}\cdot\frac{H}{g}=\frac{s'(H)}{s(H)}H=\theta \tag{3-14}$$

θ 实际上就反映了当区域性公共产品总供给支出不变时，人口数量的变化所造成的收入效应或替代效应。当 $\theta>0$ 时，存在收入效应；当 $\theta<0$ 时，存在替代效应，而 θ 的绝对值可以作为衡量收入效应或替代效应大小程度的指标。

在政府决定区域性公共产品最优供给水平的模型中，政府并非按照中间投票人的意志来考虑，而是最优化某个社会福利函数，反映了该区域性公共产品对区域内居民的整体福利的影响，也可以理解为地方政府对其管辖内居民公共产品偏好的主观认识。可以说，需求模型中的地方政府只是中间投票人意愿的具体执行者，公共产品供给的最优水平完全根据民众的需求而定，并且相应的资金成本也完全是居民自由选择的结果。需求模型是基于完全的民主自决，而供给模型中，政府具有某种程度上的财政自由的权力，同时具有对区域性公共产品供给的决策权。并且，供给模型中政府的财政资金主要来自于税收、中央的纵向转移支付、地方间的横向转移支付。因此供给模型就是在预算约束下选择区域性公共产品的供给水平，以最大化社会福利函数 $W(g, t)$，如（3－15）式所示。其中，g 为人均区域性公共产品供给水平，$y=Y/H$ 为人均一般公共服务总支出，t 为税率，M 为居民年收入水平，$z=Z/H$ 为人均转移支付。

$$\max_{g,t} W(g, t) \quad s.t\ y = tM + z,\ g = Y \cdot s(H) \tag{3-15}$$

此外，根据公共经济学基本性质，还可以假设一阶条件有 $\frac{\partial W}{\partial g}>0$，$\frac{\partial W}{\partial t}<0$，其经济含义为社会福利会随人均区域性公共产品增加而增加，但社会福利会随税率上涨而减少。进一步，二阶条件有 $\frac{\partial^2 W}{\partial^2 g}<0$，$\frac{\partial^2 W}{\partial^2 t}>0$，经济含义为人均区域性公共产品边际福利递减，而税收的边际福利递增。由 $y=tM+z$ 可以得到（3－16）式，那么最优化一阶条件为（3－17）式。

$$\frac{g}{s(H)H} - tM = z \tag{3-16}$$

$$\frac{\partial W/\partial q}{\partial W/\partial t} = \frac{1}{Hs(H)M} \tag{3-17}$$

最后将 $s(H)=H^{\theta}$ 带入一阶条件，两边取对数后可以得到如（3-18）式所示的区域性公共产品供给模型。其中，a、b 和 c 都为简化后的系数项。

$$\ln y = a-(1+b)(1+\theta)\ln H - b\ln M + c\ln z \tag{3-18}$$

参考文献

［1］傅勇. 财政分权、政府治理与非经济性公共物品供给［J］. 经济研究，2010：08，4-15.

［2］罗长林. 合作、竞争与推诿——中央、省级和地方间财政事权配置研究［J］. 经济研究，2018：11，32-46.

［3］韦倩. 增强惩罚能力的若干社会机制与群体合作秩序的维持［J］. 经济研究，2009：10，133-143.

［4］叶航. 公共合作中的社会困境与社会正义——基于计算机仿真的经济学跨学科研究［J］. 经济研究，2012：08，132-142.

［5］张树剑，黄卫平. 新区域主义理论下粤港澳大湾区公共品供给的协同治理路径［J］. 深圳大学学报（人文社会科学版），2020：01，42-49.

［6］肖加元，潘安. 基于水排污权交易的流域生态补偿研究［J］. 中国人口·资源与环境，2016：07，18-25.

［7］肖加元. 公共品单向外溢下地方政府间演化博弈——以跨区域水资源生态补偿为例［J］. 财经理论与实践，2016：04，96-101.

［8］黄彬彬，王先甲，胡振鹏，刘伟兵. 基于随机过程的流域水资源利用冲突博弈分析［J］. 武汉大学学报（工学版），2010：01，68-71.

[9] 黄璜. 合作的逻辑：基于强欺骗策略的演化分析 [J]. 管理科学学报，2013：09，1-6.

[10] 孙才志，王晨. 中国水资源投入的“拥塞效应”研究 [J]. 资源科学，2020，42（2）：334-345.

[11] 杨刚强，李梦琴，孟霞. 人口流动规模、财政分权与基本公共服务资源配置研究——基于286个城市面板数据空间计量检验 [J]. 中国软科学，2017：06，49-58.

[12] 王守都. 在“一带一路”倡议建设中避免集体行动的困境——对奥尔森经典理论的再解读以及对“一带一路”建设的刍议 [J]. 亚太安全与海洋研究，2018：02，73-86.

[13] 范磊. 东盟地区公共产品供给模式与困境分析 [J]. 南洋问题研究，2013：02，17-25.

[14] Prieto A. M., Zofio J. P. Evaluating Effectiveness in Public Provision of Infrastructure and Equipment: The Case of Spanish Municipalities, Journal of Productivity Analysis, 2001 (15): 41-58.

[15] Sandler T. Regional public goods and international organizations, Rev Int Org, 2006 (1): 5-25.

第四章

区域性公共产品供给效率

——基于国家重点生态功能区转移支付的分析

本章以广东省为例，通过数据包络分析（data envelopment analysis，DEA）方法具体分析测算了国家重点生态功能区转移支付资金的公共产品供给效率。

一、国家重点生态功能区转移支付现行政策

在国务院尚未出台《全国主体功能区规划》文件之

前，国家重点生态功能区转移支付已经开展了部分地区的先行试点。到 2010 年，国务院正式出台了《全国主体功能区规划（2010）》，对我国整体国土空间做了战略性、基础性和约束性的开发规划。不同的国土空间，自然条件、人口规模和经济水平不同，其主体功能也不尽相同。《全国主体功能区规划（2010）》将我国国土按开发方式分为优化开发区域、重点开发区域、限制开发区域和禁止开发区域；按开发内容，将国土空间分为城市化地区、农产品总产区和重点生态功能区；按层级，分为国家和省级两个层面。其中，优化开发区域和重点开发区域都属于城市化地区；而重点生态功能区一部分属于限制开发区域，另一部分则属于禁止开发区域。2013 年，《关于加强国家重点生态功能区环境保护和管理的意见》中规定，国家重点生态功能区是指承担水源涵养、水土保持、防风固沙和生物多样性维护等重要生态功能，关系全国或较大范围区域的生态安全，需要在国土空间开发中限制进行大规模高强度工业化、城镇化开发，以保持并提高生态产品供给能力的区域。加强国家重点生态功能区环境环保和管理，有利于增强生态服务功能、促进人与自然和谐、促进区域协调发展、优化国土开发空间格局。

国家重点生态功能区转移支付，是中央对国家重点生态功能区因保护生态环境被限制或禁止进行工业化、城镇化开发而做的生态补偿。国家重点生态功能区所在地政府因保护环境和被限制开发带来的正外部性和付出的公共成本，无法由其独自承担，需要中央内化重点生态功能区带来的社会收益同时补偿其过多承担的公共成本。2009 年，财政部出台《国家重点生态功能区转移支付（试点）办法》；2011 年，财政部正式出台《国家重点生态功能区转移支付办法》，以维护国家生态安全，引导地方政府加强生态环境保护力度，提高国家重点生态功能区所在地政府基本公共服务保障能力，促进经济社会可持续发展，中央财政在均衡性转移支付项下设立国家重点生态功能区转移支付。该办法对资金分配范围、分配办法、监督考评机制等都作了较为详细的规定。2011 年以后，财政部不断更新出台国家重点生态功能区转移支付的相关政策，加大对国家重点生态功能区转移支付的力度，支付范围和支付方式也更加明确。此外，为了确保资金的使用效率，环保部联合财政部先后发布了重点生态功能区监测相关文件，为效果评估提供有效的科学依据。同时财政部也委托相关部门对享受该项转移支付的功能区的生态环境质量进行定期普查、年度抽查和专项检查，奖励合格的地区，惩罚不合格的地区，以达到激励和约束相结合的目的。国家重点生态功能区相关政策如表 4 - 1 所示。

表 4 - 1　　国家重点生态功能区相关政策

主要内容	文件名称	文号
国家重点生态功能区转移支付办法相关政策文件	《国家重点生态功能区转移支付办法》	财预〔2011〕428 号
	《2012 年国家重点生态功能区转移支付办法》	财预〔2012〕296 号
	《中央对地方国家重点生态功能区转移支付办法》	财预〔2014〕92 号
	《中央对地方国家重点生态功能区转移支付办法》	财预〔2015〕126 号
	《2016 年中央对地方重点生态功能区转移支付办法》	财预〔2016〕117 号
	《中央对地方重点生态功能区转移支付办法》	财预〔2017〕126 号
	《中央对地方重点生态功能区转移支付办法》	财预〔2018〕86 号
	《中央对地方重点生态功能区转移支付办法》	财预〔2019〕94 号

续表

主要内容	文件名称	文号
国家重点生态功能区相关规定	《全国主体功能区规划（2010）》	国发〔2010〕46号
	《国务院关于同意新增部分县（市、区、旗）纳入国家重点生态功能区的批复》	国函〔2016〕161号
国家重点生态功能区监测与考核相关政策	《国家重点生态功能区县域生态环境质量考核办法》	环发〔2011〕18号
	《关于加强国家重点生态功能区环境保护和管理的意见》	环发〔2013〕16号
	《国家重点生态功能区县域生态环境质量监测评价与考核指标体系》	环发〔2014〕32号
	《关于加强"十三五"国家重点生态功能区县域生态环境质量监测评价与考核工作的通知》	环办监测函〔2017〕279号

为贯彻落实党中央、国务院决策部署，落实绿色发展理念，推进生态文明建设，提高生态功能重要地区所在地政府的基本公共服务保障能力，引导地方政府加强生态环境保护，2008年起中央财政设立重点生态功能区转移支付。2011年财政部正式出台《国家重点生态功能区转移支付办法》首次正式对转移支付范围进行清晰规定，此后，为了进一步提高生态产品供给能力和国家生态安全保障水平，国家重点生态功能区转移支付范围不断扩大。2016年9月29日国务院印发《国务院关于同意新增部分县（市、区、旗）纳入国家重点生态功能区的批复》，国家重点生态功能区的县市区旗的数量由最开始的436个增加至676个，占国土面积的比例由41%提高至53%。

至2019年，纳入国家重点生态功能区的县域由2012年的452个增加到2019年的817个，其中12.5%的县域生态环境质量同比好转。从2008年以来，中央财政不断加大重点生态功能区转移支付力度，截至目前转移支付支持范围包括：一是限制开发的国家重点生态功能区所属县；二是生态功能重要的“三区三州”等深度贫困地区、京津冀、海南以及长江经济带等相关地区；三是国家级禁止开发区域。同时，财政部等部门制定了重点生态功能区转移支付考核办法，每年考核省以下资金分配和使用情况、县域生态质量等，根据考核评价情况实施奖惩，激励地方加大生态环境保护力度，提高资金使用效益。

为了加强中央对地方国家重点生态功能区转移支付资金的规范使用，起到保护生态环境的导向性作用，在2011年财政部出台的文件《国家重点生态功能区转移支付办法》中首次正式从资金分配情况和资金使用效果两个角度详细定义了重点生态功能区转移支付的监督考评机制，并规定根据考评结果，实施相应的奖惩机制，以达到激励和约束相容的目的。此外，财政部还联合环保部门出台了国家重点生态功能区县域生态环境质量监测、评价与考核的技术方法，以科学性地和系统性地对各地环保措施进行测评。2012年起，我国正式开展国家重点生态功能区县域生态环境质量监测评价考核，每年通报考核结果。2019年完成全国817个县域重点生态功能区转移支付资金使用效果考核，考核结果与下一年的相关转移支付收入挂钩，建立了“花钱问效，无效问责”的中央对地方国家重点生态功能区转移支付资金奖惩制度。具体政策如表4-2所示。

表 4-2　国家重点生态功能区转移支付相关考核政策和奖惩机制

文件名称	文件内容	具体内容
《国家重点生态功能区转移支付办法》（财预〔2011〕428号）	监督考评	（一）资金分配情况。 1. 资金到位率。主要考核省级财政是否将该项转移支付资金以一般性转移支付方式及时足额分配给指定的国家重点生态功能区所涉市县。在省对下转移支付资金分配时，对承担生态环境保护和治理支出责任的地市本级，可由所在省（区、市）根据本地实际情况按照规范的办法适当补助。财政部通过委托驻各地财政监察专员办事处进行专项检查等方式进行核查。 2. 省对下转移支付。考核省级政府对享受该项转移支付市县的财政支持情况。 ①在测算省对下一般性转移支付及衡量财政困难程度时，此项转移支付不计入财力。 ②在分配省对下涉及农业、教育、卫生、社会保障等民生领域的专项转移支付时，对国家重点生态功能区所属市县的补助比例不得低于财政状况相同地区的水平。
		（二）资金使用效果。 1. 环境保护和治理。财政部将委托相关部门，对享受该项转移支付市县的生态环境质量，采取定期普查、年度抽查以及专项检查相结合的方式进行绩效评估，每3年对生态环境进行一次全面考核。县域生态环境指标（EI）根据不同类型的生态功能区特点设置，主要包括自然生态指标和环境状况指标两部分，采用综合指数法，对每个市县生态环境年际变化量进行评价。生态环境考评指标由环境保护部负责制定，并会同有关部门实施监测。 2. 基本公共服务。重点评估享受该项转移支付市县公共服务状况。具体指标包括：学龄儿童净入学率、每万人口医院（卫生院）床位数、参加新型农村合作医疗保险人口比例、参加城镇居民基本医疗保险人口比例等。

续表

文件名称	文件内容	具体内容
《中央对地方重点生态功能区转移支付办法》（财预〔2019〕94号）	转移支付范围	第二条　转移支付支持范围包括： （一）重点生态县域。限制开发的国家重点生态功能区所属县（县级市、市辖区、旗、林业局等）。 （二）其他生态功能重要区域。包括："三区三州"等深度贫困地区、京津冀（对雄安新区及白洋淀周边区县单列）、海南以及长江经济带等相关地区。 （三）国家级禁止开发区域。 （四）国家生态文明试验区、国家公园体制试点地区等试点示范和重大生态工程建设地区。 （五）选聘建档立卡人员为生态护林员的地区。
	转移支付资金分配办法	第四条　转移支付资金选取影响财政收支的客观因素测算，下达到省、自治区、直辖市、计划单列市（以下称省）。具体计算公式为： 某省转移支付应补助额 = 重点补助 + 禁止开发补助 + 引导性补助 + 生态护林员补助 ± 绩效考核奖惩资金 测算的转移支付应补助额少于该省上一年转移支付预算执行数的，中央财政按照上一年转移支付预算执行数下达。
	绩效考核办法	第十条　绩效考核奖惩资金对象为重点生态县域。根据考核评价情况实施奖惩，对考核评价结果优秀的地区给予奖励。对生态环境质量变差、发生重大环境污染事件、实行产业准入负面清单不力和生态扶贫工作成效不佳的地区，根据实际情况对转移支付资金予以扣减。
《国务院关于同意新增部分县（市、区、旗）纳入国家重点生态功能区的批复》（国函〔2016〕161号）	国家重点生态功能区新增	同意将240个县（市、区、旗）和东北、内蒙古国有林区87个林业局新增纳入国家重点生态功能区。

续表

文件名称	文件内容	具体内容
《关于加强“十三五”国家重点生态功能区县域生态环境质量监测评价与考核工作的通知》（环办监测函〔2017〕279号）	国家重点生态功能区生态环境监测方法	指标体系的变化：空气质量指标由原来的3项污染物增加至6项（二氧化硫、二氧化氮、可吸入颗粒物、细颗粒物、臭氧、一氧化碳）；水环境质量指标在涉水环境内主要河流、湖库布设监测点位，同时开展县城在用集中式饮用水水源地水质监测；新增土壤环境质量监测；自然生态指标中增加生态保护红线内容，将原来的“受保护区域面积比”调整为“生态保护红线受保护区域面积所占比例”；将“污染源排放达标率”“主要污染物排放强度”和“城镇污水集中处理率”3个技术指标调整为监管指标，并将“主要污染物排放强度”作为专项指标进行评价。 监测工作模式的变化：自然生态监测工作由国家统一组织实施；环境质量监测工作包括环境空气质量监测、水环境质量（含饮用水水源地水质）监测和土壤环境质量监测点位，除目前的国控点外，其余点位全部设为省控点位，土壤环境质量监测点位均为国控点位，由国家统一布设。国控点由国家组织监测，省控点位由省级环境保护部门组织监测。

二、转移支付资金构成及分配

为贯彻落实党中央、国务院决策部署，落实绿色发展理念，推进生态文明建设，提高生态功能重要地区所在地政府的基本公共服务保障能力，引导地方政府加强生态环境保护，2008年起中央财政设立重点生态功能区转移支付。从2011年至2018年的中央对地方税收返还和转移支付预算和决算表中，中央将重点生态功能区转移支付科目设立在一般性转移支付的均衡性转移支付下。而在2019年的中央对地方转移支付预算和决算表中，重点生态功能区转移支付项和均衡性转移支付项平行设立于一般性转移支付科目下。根据《关于下达2020年中央对地方重点生态功能区转移支付预算的通知》财预〔2020〕68号，2020年，重点生态功能区转移支付部分列入直达资金管理，并纳入中央财政直达资金监控系统全程监测。该项直达资金的标识为“01002 正常转移支付”，该项标识贯穿资金分配、拨付、使用等整个环节，且保持不变。

《中央对地方重点生态功能区转移支付办法》（财预〔2019〕94号）规定，国家重点生态功能区转移支付资金分配主要分为五个部分：一是按照国家发展和改革委员会规定和另外报请国务院批准的重点县域安排重点补助；二是对国家发展和改革委员会规划中确定的禁止开发的地区安排补助；三是按照环保部规划，安排引导性补助；四是安排生态护林员补助；五是对重点生态县域根据考核评价情况安排奖惩资金。2019年重点生态功能区转移支付资金的构成及分配方法如表4－3所示。

2008年实施国家重点生态功能区转移支付试点，中央财政将天然林保护、青海三江源和南水北调等国家重点生态工程所涉及的230个县纳入补助范围，补助总额60亿元。2009年到2016年间，中央财政不断扩大重点生态功能区补助范围，加大对生态功能区转移支付力度，增强对重点生态功能区的生态保护。至2017年，国家累计下达重点生态功能区转移支付资金3709亿元，转移支付县域达到816个，其中近71%的县域为国家扶贫开发重点县或连片贫困县。2019年中央对地方国家重点生态功能区转移支付达到811亿元，2020年中央对地方重点生态功能区转移支付规模总体达到794.5亿元，其中直达市县

表 4－3 2019 年重点生态功能区转移支付资金的构成及分配方法

分配类型	分配对象	分配方法
重点补助	重点生态县域和其他生态功能重要区域	重点生态县域、京津冀（对雄安新区及白洋淀周边区县单列）、海南等地区补助按照标准财政收支缺口并考虑补助系数测算。其中，标准财政收支缺口参照均衡性转移支付测算办法，结合中央与地方生态环境保护治理财政事权和支出责任划分，将各地生态环境保护方面的减收增支情况作为转移支付测算的重要因素，补助系数根据标准财政收支缺口情况、生态保护区域面积、产业发展受限对财力的影响情况和贫困情况等因素分档分类测算。 “三区三州”等深度贫困地区补助根据贫困人口、人均转移支付等因素测算。 长江经济带补助根据生态保护红线、森林面积、人口等因素测算。
禁止开发补助	禁止开发区域	根据各省禁止开发区域的面积和个数等因素分省测算，向国家自然保护区和国家森林公园两类禁止开发区倾斜。
引导性补助	国家生态文明试验区、国家公园体制试点地区等试点示范和重大生态工程建设地区	分类实施补助。
生态护林员补助	选聘建档立卡人员为生态护林员的地区	中央财政根据森林管护和脱贫攻坚需要，以及地方选聘建档立卡人员为生态护林员情况，安排生态护林员补助。
绩效考核奖惩资金	重点生态县域	根据考核评价情况实施奖惩，对考核评价结果优秀的地区给予奖励。对生态环境质量变差、发生重大环境污染事件、实行产业准入负面清单不力和生态扶贫工作成效不佳的地区，根据实际情况对转移支付资金予以扣减。

资料来源：《中央对地方重点生态功能区转移支付办法》（财预〔2019〕94 号）。

基层的部分为59.4亿元。2011—2020年国家重点生态功能区转移支付资金规模的变化趋势如图4-1所示。2020年中央对地方重点生态功能区转移支付分配情况如图4-2所示。从图4-2中可以看出，甘肃省、云南省和贵州省三个省份的中央对地方重点生态功能区的转移支付份额最大。

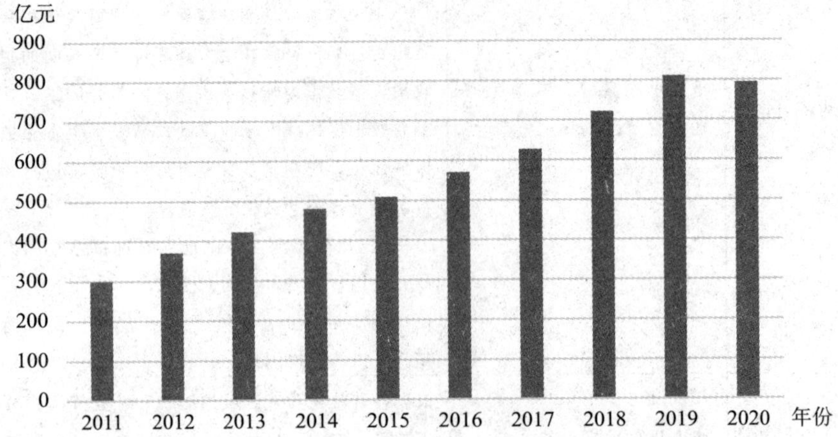

图4-1　2011—2020年重点生态功能区转移支付规模

资料来源：财政部。

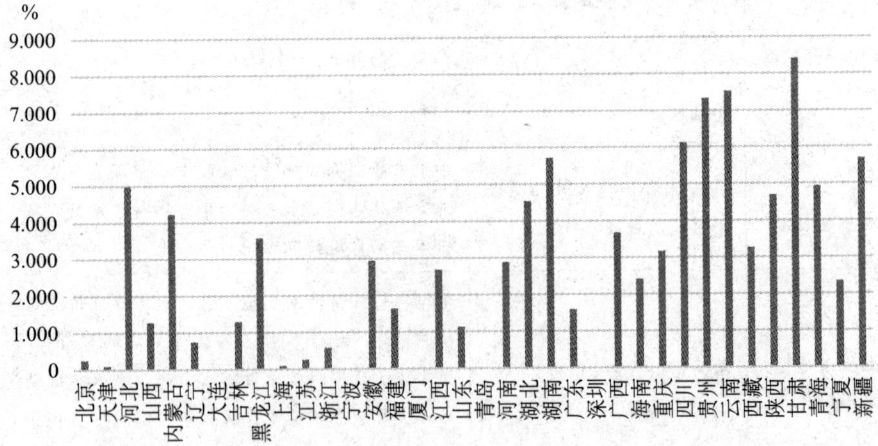

图4-2　2020年中央对地方重点生态功能区转移支付分配情况表

资料来源：财政部。

三、转移支付效率评估

公共服务和公共产品由于其商品的特殊性，很难用某一具体的生产函数来反映其供给效率，此外，公共服务或公共产品没有市场价格，或者说市场价格很难体现出其真实的成本。因此，合理的效率测量和考核方法对于评价公共产品供给效率和财政资金是否得到合理利用十分重要。

数据包络分析（data envelopment analysis，DEA）是集运筹学、管理科学和数理经济学交叉经济学研究的一个新的领域。利用线性规划的方法分析多个投入和多个产出的决策单元（decision making unit，DMU）间的相对效率，不需要具体的函数模型，只需要先构建最有效率的凸性生产前沿面，再将其他的决策单元与有效率前沿面对比，来判断和识别样本数据的综合效率值。DEA 是一种非参数的效率测算模式，因此能够排除模型一开始的设定偏误的问题，在公共产品供给效率的研究和测算中更为适用和准确。

对于重点生态功能区转移支付资金的使用效率测算来说，DEA 能够较为全面地从多个投入和产出的指标来分析其综合效率，同时避免了产出和投入要素核算量纲不一致以及供给模型参数回归估计误差等问题，在公共资金供给效率的评估上有较大的优势。

DEA 效率衡量可以分为投入导向型（CCR）和产出导向型（BCR）。投入导向型定义为在产出量一定时，如何使得投入最小化；产出导向型则是在确定投入一定时，如何使得产出量最大化。假设存在 N 个决策单位 DMU，本章基于投入导向型建立的综合效率 CCR 模型为：

$$\min\theta$$

$$s.t.\begin{cases}\sum_{k=1}^{m} x_k\lambda_k + s^- = \theta x_0 \\ \sum_{k=1}^{s} y_k\lambda_k - s^+ = y_0 \\ \lambda_0 \geqslant 0, k = 1,2,\cdots,n \\ s^+ \geqslant 0, s^- \geqslant 0\end{cases} \tag{4-1}$$

其中为 x_k 投入指标，y_k 为产出指标，θ 为效率评价指数，s^- 为输入松弛向量（冗余率），s^+ 为输出松弛向量（产出不足率），m 为投入指标数量，k 为产出指标数量。当 θ 为 1 时，系统达到最优状态，综合技术效率或者总供给效率为 1，为强 DEA 有效。当 θ 为 1，但 s^+ 或 s^- 不全为 0 时，表明此时纯技术效率或者规模效率不同时为 1，可以称为弱 DEA 有效。当 θ 小于 1，且 s^+ 或 s^- 不全为 0 时，为 DEA 无效的状态。

本章选择人均中央对地方重点功能区转移支付作为投入指标。在通过查阅相关文献，以及《国家重点生态功能区转移支付办法》（财预〔2011〕428 号）文件中规定的衡量资金使用效果相关指标，并结合其他国家重点生态功能区生态补偿政策的相关内容，选择包括环境保护和治理指标、基本公共服务指标和经济发展指标三者的综合指标作为产出指标。事实上，生态功能区转移支付资金不仅会影响相关县市的环境保护的效果，同时也会对其经济发展水平和公共服务供给水平产生影响，因此使用综合性的产出指标能更好衡量转移支付资金的效率。在产出指标中，环境保护和治理指标选择生态环境指数（ecological index，EI），基本公共服务指标选择政府规模、教育水平、社会福利水平和医疗水平四个方面，经济发展指标则综合了人均 GDP、农业水平和工业水平三个方面。具体的指标解释和定义如表 4 - 4 所示。

表 4 - 4　　生态功能区转移支付资金效率评价指标体系

指标属性	指标类别	指标名称	指标定义
投入类指标	财政资金	人均中央对地方重点功能区转移支付	地方获得国家重点功能区转移支付/地方年末常住人口
产出类指标	环境保护和治理	生态环境指数（Ecological Index，EI）	按《生态环境状况评价技术规范》中规定计算得出，包含生物丰度指数、植被覆盖指数、水网密度指数、土地胁迫指数、污染负荷指数以及环境限制指数。
	基本公共服务	政府规模	地方政府公共财政支出/地方 GDP × 100%
		教育水平	（小学在校人数 + 中等学校在校人数）/年末常住人口 × 100%
		社会福利水平	每万人拥有的社会福利床位数（床/万人）
		医疗水平	每万人拥有的医疗机构床位数（床/万人）
	经济发展	人均 GDP	GDP/年末常住人口（元/人）
		农业水平	第一产业增加值/GDP × 100%
		工业水平	第二产业增加值/GDP × 100%

本章分析以 2016—2018 年广东省 21 个国家重点生态功能区县的数据为基础，计算了重点生态功能区转移支付资金的使用效率。其中，广东省 21 个国家重点生态功能区名单来自《全国主体功能区规划（2010）》和《国务院关于同意新增部分县（市、区、旗）纳入国家重点生态功能区的批复》以及《广东省主体功能区规划》内容。各县市得到的国家重点转移支付资金数据来自《广东省财政年鉴》（2016—2018）；生态环境指数数据来自广东省生态环境厅网站，政府规模、教育水平、社会福利水

平、医疗水平、农业水平以及工业水平和 GDP 数据来自《中国县域统计年鉴》(2016—2018)，其他数据来自《广东统计年鉴》(2016—2018)。

本章使用 R 软件，将投入和产出指标利用 DEA 模式进行分解和效率测算后，最终得到 2016—2018 年三年广东省国家重点生态功能区转移支付资金使用的总技术效率(TE)、纯技术效率（PTE）和规模效率（SE)。广东省 21 个国家重点生态功能区 2016—2018 三年的上述三类效率指数及其均值如表 4－5、表 4－6 所示。

表 4－5　2016—2018 年广东省国家重点生态功能区转移支付资金公共产品供给效率

县市	总技术效率（TE）				纯技术效率（PTE）				规模效率（SE）			
	2016	2017	2018	三年均值	2016	2017	2018	三年均值	2016	2017	2018	三年均值
乐昌市	0. 632	0. 822	0. 828	0. 760	1	1. 026	1	1. 009	0. 632	0. 801	0. 828	0. 753
南雄市	0. 486	0. 608	0. 596	0. 563	1	1	1	1	0. 486	0. 608	0. 596	0. 563
始兴县	0. 332	0. 471	0. 499	0. 434	1	1	1	1	0. 332	0. 471	0. 499	0. 434
仁化县	0. 358	0. 486	0. 468	0. 437	1	1	1	1	0. 358	0. 486	0. 468	0. 437
乳源瑶族自治县	0. 338	0. 486	0. 510	0. 445	1	1	1	1	0. 338	0. 486	0. 510	0. 445
兴宁市	1	1	1	1	1	1	1	1	1	1	1	1
平远县	0. 404	0. 540	0. 516	0. 487	1	1. 020	1. 028	1. 016	0. 404	0. 529	0. 502	0. 478
蕉岭县	0. 350	0. 451	0. 668	0. 490	1	1. 007	1	1. 002	0. 350	0. 448	0. 668	0. 489
龙川县	0. 924	1	1	0. 975	1	1	1	1	0. 924	1	1	0. 975
连平县	0. 735	1. 000	0. 895	0. 877	1	1	1	1	0. 735	1	0. 895	0. 877
和平县	0. 636	0. 875	0. 849	0. 787	1	1	1	1	0. 636	0. 875	0. 849	0. 787
翁源县	0. 713	0. 632	0. 657	0. 667	1. 003	1. 036	1. 040	1. 026	0. 711	0. 610	0. 631	0. 651
新丰县	0. 602	0. 573	0. 601	0. 592	1	1	1	1	0. 602	0. 573	0. 601	0. 592
信宜市	1	1	1	1	1	1	1	1	1	1	1	1

续表

县市	总技术效率（TE）				纯技术效率（PTE）				规模效率（SE）			
	2016	2017	2018	三年均值	2016	2017	2018	三年均值	2016	2017	2018	三年均值
大埔县	1	1	1	1	1	1	1	1	1	1	1	1
丰顺县	1	1	1	1	1	1	1	1	1	1	1	1
陆河县	0.830	0.751	0.624	0.735	1	1	1	1	0.830	0.751	0.624	0.735
连州市	0.918	0.824	0.719	0.820	1	1	1	1	0.918	0.824	0.719	0.820
阳山县	0.845	0.795	0.824	0.821	1	1	1	1	0.845	0.795	0.824	0.821
连山壮族瑶族自治县	0.348	0.373	0.225	0.315	1	1	1	1	0.348	0.373	0.225	0.315
连南瑶族自治县	0.425	0.363	0.369	0.386	1	1	1	1	0.424	0.364	0.369	0.385

表 4-6　2016—2018 年广东省国家重点生态功能区转移支付资金环保效率

县市	总技术效率（TE）				纯技术效率（PTE）				规模效率（SE）			
	2016	2017	2018	三年均值	2016	2017	2018	三年均值	2016	2017	2018	三年均值
乐昌市	0.492	0.620	0.576	0.563	1.072	1.060	1.051	1.061	0.458	0.585	0.548	0.531
南雄市	0.404	0.468	0.482	0.451	1.090	1.070	1.063	1.074	0.371	0.438	0.454	0.421
始兴县	0.300	0.390	0.382	0.357	1.039	1	1.001	1.013	0.289	0.390	0.382	0.353
仁化县	0.291	0.382	0.361	0.345	1.028	1.005	1	1.011	0.284	0.380	0.361	0.341
乳源瑶族自治县	0.249	0.325	0.308	0.294	1.030	1.003	1.007	1.013	0.241	0.324	0.306	0.290
兴宁市	0.729	0.844	0.814	0.796	1.054	1.070	1.076	1.067	0.691	0.788	0.756	0.745
平远县	0.325	0.407	0.383	0.372	1.032	1.023	1.029	1.028	0.315	0.398	0.372	0.362
蕉岭县	0.309	0.365	0.356	0.343	1	1.009	1.021	1.010	0.309	0.362	0.349	0.340
龙川县	0.680	0.792	0.735	0.736	1.017	1.017	1.019	1.018	0.669	0.779	0.721	0.723

续表

县市	总技术效率（TE）				纯技术效率（PTE）				规模效率（SE）			
	2016	2017	2018	三年均值	2016	2017	2018	三年均值	2016	2017	2018	三年均值
连平县	0.496	0.616	0.584	0.565	1.056	1.030	1.026	1.037	0.470	0.598	0.569	0.546
和平县	0.482	0.580	0.560	0.541	1.088	1.014	1.009	1.037	0.443	0.573	0.555	0.523
翁源县	0.640	0.582	0.549	0.590	1.043	1.047	1.044	1.045	0.614	0.556	0.526	0.565
新丰县	0.469	0.422	0.392	0.428	1.000	1.003	1.004	1.002	0.469	0.421	0.390	0.427
信宜市	1	1	1	1	1	1	1	1	1	1	1	1
大埔县	0.602	0.536	0.516	0.551	1.066	1.011	1.017	1.032	0.565	0.530	0.507	0.534
丰顺县	0.827	0.675	0.675	0.726	1.009	1	1	1.003	0.819	0.675	0.675	0.723
陆河县	0.637	0.565	0.463	0.555	1	1.012	1.020	1.010	0.637	0.559	0.454	0.550
连州市	0.649	0.645	0.618	0.637	1.056	1.036	1.018	1.037	0.615	0.623	0.607	0.615
阳山县	0.210	0.537	0.552	0.433	1.078	1.025	1.010	1.038	0.195	0.524	0.547	0.422
连山壮族瑶族自治县	0.561	0.199	0.185	0.315	1.042	1	1.004	1.015	0.538	0.199	0.184	0.307
连南瑶族自治县	0.284	0.273	0.255	0.271	1.057	1.000	1	1.019	0.269	0.273	0.255	0.266

通过对2016年至2018年广东省21个国家重点生态功能区转移支付资金公共产品供给效率的测算，得到表4-5的DEA分析结果；通过对2016年至2018年广东省21个国家重点生态功能区转移支付资金环保效率的测算，得到表4-6的DEA分析结果。

从表4-5可以看出，2018年的数据中，21个国家重点生态功能区中，兴宁市、龙川县、信宜市、大埔县、丰顺县5个县市达到了纯技术效率和规模效率都为1，可以称为强DEA有效。2018年除了平远县和翁源县外，其他生态功能县的纯技术效率为1，可以称为是弱DEA有效的，说明2018年只有平远县和翁源县属于DEA无效。总技术效率，又称总供给效率等于纯技术效率和规模效率的乘积，从纵向来看，除翁源县、陆河县、连州市、连南县、连山县外，其他生态功能县2018年的总供给效率都大于三年平均总供给效率，表明这16个县的重点生态功能区转移支付资金的公共服务的总供给效率在不断增加。而陆河县、连州市、连南县和连山县三年的公共产品供给的纯技术效率都为1，2018年规模效率小于三年的平均值。可以推断，重点生态功能区转移支付资金在公共产品供给中的绩效有待提升。也就是说在技术水平不变时，产出量达不到最优规模的产出量，处在投入和产出不匹配的区域，是一个规模报酬递减的状态，正因为公共产品供给规模的不经济导致了综合供给效率的下降。这也意味着，公共产品供给量是充分的，但是生态功能区转移支付资金的使用上存在浪费和使用不充分。

表4-6是重点生态功能区转移支付资金提供环境保护（以下简称环保）公共产品的效率，表中可以得到，横向来看，2018年时，只有信宜市一个生态功能区是强DEA有效的，弱DEA有效的生态功能区有仁化县、丰顺县和连南县，而其他的生态功能区都处在DEA无效的区域。纵向来看，2018年有11个县重点生态功能区转移支付资金环保公共产品供给的规模效率和总技术效率大于两者三年的平均值，而其他10个县的重点生态功能区转移支付资金环保公共产品供给的规模效率和总技术效率则小于两者三年的平均值。这表明，环境保护公共产品供给规模不经济，导致了其综合供给效率下降。

将表4-5和表4-6结合来看，近年来，广东省有16个重点生态功能区转移支付资金的总体公共产品供给效率，包括环境保护、基本公共服务和经济发展水平三个方面，纵向上在不断向有效率的产出水平趋近，总体公共产品的供给效率在不断提高。11个县的重点生态功能区转移支付资金的环保公共产品供给效率在不断提高，其中，龙川、新丰、大埔、丰顺的总公共产品供给效率在增加，但是环保公共产品供给效率没有明显增加，而恰恰相反，陆河县的环保公共产品供给效率在增加，但是总公共产品的供给效率却在下降。

由以上分析可以初步得出，首先，总公共产品供给DEA效率上升比环保公共产品供给DEA效率上升要明显，表明生态环境改善是个长期投入的过程，短期的环保公共投资难以产生非常明显的效果。而将生态功能区转移支付资金用于经济发展水平和基本公共服务方面的公共投资，对于当地来说更容易产生具体可见的成效，即公共产品的供给效率提升更为明显。其次，初期中央对地方的生态功能区转移支付投入不能满足当地环境保护和生态建设的需要，不能完全内化环境保护产生的外部性，也不能完全补偿生态功能区在环境保护方面投入的成本。地方成本不仅包括在环保和生态建设投入方面的直接成本，而且包括因为保护环境而迟缓的经济发展相关的间接成本。近年来，中央对各地方生态功能区转移支付的力度在逐年增加，以广东省为例，重点生态功能区转移支付资金从2012年的7.57亿元逐步提升到2020年的12.56亿元。此外，生态保护相应的补偿制度和生态环境考核制度也在不断完善，不仅中央在根据具体情况逐年更新和修订转移支付相关政策和补偿名单，同时地方也在出台和更新相关生态补偿办法。政府对生态补偿的资金投入在不断增加，生态补偿制度也在不断完善，资金支持和政策激励双管齐下，不仅能有效促进地区生态环境的持续改善，同时也能提升当地的经济发展水平和基本公共服务水平。最后，大多数生态功能区的总公共产品和环保公共产品供给的规模效率都处于规模报酬递减的区域，供给规模的不经济导致了总技术效率的下降。这不代表需要政府缩减现有的公共产品供给规模，而是需要减少公共产品供给中出现的不必要的浪费和损耗。也就是说，政府需要引入其他的社会主体共同参与公共产品的供给，通过完善政府部门和私人部门的合作机制，可以降低政府在公共产品供给过程中的垄断和单一的地位，也可以使得公共产品供给的规模效率向最优水平靠近。

参考文献

[1] 刘小鲁. 区域性公共品的最优供给：应用中国省际面板数据的分析 [J]. 世界经济，2008：04，86 - 95.

[2] 王宝顺，刘京焕. 中国地方公共卫生财政支出效率研究——基于 DEA - Malmquist 指数的实证分析 [J]. 经济经纬，2011：06，136 - 140.

[3] 朱艳，陈红华. 重点生态功能区转移支付改善生态环境了吗？——基于 PSM 的结果 [J]. 南方经济，2020：10，125 - 138.

[4] 徐鸿翔，张文彬. 国家重点生态功能区转移支付的生态保护效应研究——基于陕西省数据的实证研究 [J]. 中国人口 · 资源与环境，2017：11，141 - 148.

[5] 肖加元. 欧盟水排污税制国际比较与借鉴 [J]. 中南财经政法大学学报，2013：02，76 - 82.

[6] 文峰，张艳娜. 财政分权、转移支付与地方公共品的供给效率——基于义务教育的实证研究 [J]. 公共经济与政策研究，2018（上）：55 - 67.

[7] 马本，孙艺丹，刘海江，孙聪. 中国省级公共品供给效率及其区域差异分析 [J]. 环境与可持续发展，

2018：05，56－62.

[8] 胡洪曙，武锶芪. 中国基本公共服务供给效率的评价与供给方式优化 [J]. 财经论丛，2020：01，33－42.

[9] Borger B. D., Kerstens K. Cost efficiency of Belgian local governments: A comparative analysis of FDH, DEA, and econometric approaches, *Regional Science and Urban Economic*, 2016 (26): 145－170.

[10] Lewis H. F., Sexton T. R. Data Envelopment Analysis with Reverse Inputs and Outputs, *Journal of Productivity Analysis*, 2004 (21): 113－132.

第五章

区域性公共产品供给的案例

——基于新安江流域生态补偿机制的分析

党的十九大报告将“建立市场化、多元化生态补偿机制”列为“加快生态文明体制改革，建设美丽中国”的内容之一。2018 年 5 月，习近平总书记在第八次全国生态环境保护大会的讲话中进一步强调生态文明建设的重要性。生态补偿机制作为建设生态文明的有效手段之一，自 2012 年开始实行以来，取得积极成效，有力地推动环境保护和资源有效利用。我国的生态补偿机制主要从自然保护区、重要生态功能区、矿产资源开发和流域水环境四个重点领域着手构建。在实施过程中，涉及的生态补偿领域大多跨行政区域，且环境资源往往具有公共产品的属性，无论从地理范围还是从公共产品的受益范围来看，其涉及的多为国内跨区域性公共产品或准公共产品，即区域性公共产品。在生态补偿机制实施过程中，由于区域间政府关系的复杂性、公共产品外溢范围的模糊性，产生了一系列生态补偿区域性公共产品的供给问题。本书在区域性公共产品供给研究文献综述的基础上，以新安江流域生态补偿作为分析对象，对该试点的区域性公共产品供给做了理论分析，进而结合生态补偿试点实践分析公共产品供给面临的挑战并提出对策建议，以期为生态补偿机制中生态公共产品的有效供给机制的形成提供借鉴。

一、新安江流域生态补偿试点实施情况

流域水环境是我国生态补偿重点领域之一。新安江流域生态补偿是我国首个水环境补偿机制试点，也是全国首个跨省流域横向生态补偿实践案例。经过 2004—2009 年共 6 年的酝酿阶段和 2010—2011 年两年的启动阶段，新安江流域生态补偿试点于 2012 年正式实施。期间，2012—2014 年开展第一轮试点，2015—2017 年开展第二轮试点，2018—2020 年开展第三轮试点。

（一）新安江流域横向生态补偿机制

从地理范围来看，新安江流域主要涉及安徽、浙江两个省份，包括上游的黄山市、宣城市绩溪县和下游的杭州市淳安县。新安江发源于黄山市休宁县六股尖，是安徽省内仅次于长江、淮河的第三大水系，也是浙江省最大的入

境河流。流域总面积 11452.5 平方公里，干流总长 359 公里。

新安江流域生态补偿机制的主要做法是由中央牵头，中央财政及安徽、浙江两省共同设立新安江流域水环境补偿基金。第一轮试点期间，经过两省协商谈判，总补偿额度为每年 5 亿元，由中央财政每年出资 3 亿元，安徽、浙江两省以对赌方式分别出资 1 亿元。以两省交界处水域为考核标准，上游安徽提供水质优于基本标准的，由下游浙江补偿安徽 1 亿元，劣于基本标准的，由安徽补偿浙江 1 亿元。若水质达到基本标准，则双方互不补偿。第二轮试点期间，按照"分档补助、好水好价"标准，中央财政出资总额不变，以退坡方式拨付，2015 年、2016 年、2017 年分别出资 4 亿元、3 亿元、2 亿元。浙皖两省的补偿资金由每省每年出资 1 亿元提高至每省每年出资 2 亿元。第二轮试点在水质标准方面有所提升。第三轮试点期间（2018—2020 年），两省每年继续出资 2 亿元，进一步优化水质标准，在水质考核中加大总磷、总氮的权重，同时相应提高水质稳定系数，引导安徽方加大水质治理力度。增强多元化补偿方式，加强上下游地区合作与监督。

（二）新安江流域生态补偿机制运行成效

经过六年两轮试点的运行，新安江流域取得了明显的生态环境效益，两省交界断面水质总体保持稳定，千岛湖湖体水质继续保持优良。《新安江流域上下游横向生态补偿试点绩效评估报告（2012—2017）》显示，新安江上下游水质连年达到补偿标准，上游水质连年为优并带动下游水质趋好，监测点和监测项目不断增加。不仅水资源本身得到较好优化，上下游流域多家排放不达标企业关停，流域沿线居民生活环境得到很大改善。

新安江流域生态补偿的运行带动了流域绿色产业的发展，促进了养殖业的发展，实现了资源的合理利用，产业结构得到进一步优化，产业结构的优化也加速了两省GDP的增长，在试点实施的第二阶段（2015—2017年）安徽和浙江两省GDP增长速度较第一阶段略高，试点显现了初步的成效。2017年新安江生态系统服务价值总计246.5亿元，水生态服务价值总计64.5亿元，新安江单位面积提供的生态系统服务价值为0.41亿元/平方公里。除了省级方面的经济带动，新安江流域治理对于涉及的主要市县也有经济促进作用，以黄山市为例，2012年至2017年，其生产总值年均增长7.7%，财政收入年均增长6.6%。特别是从第二轮试点开始，其GDP连续突破500亿元和600亿元，财政收入突破百亿元。

二、新安江流域生态补偿区域性公共产品供给的理论分析

（一）新安江流域区域性公共产品属性分析

公共产品主要分为纯公共产品和准公共产品，主要根据其具有的非排他性和非竞争性两种特性进行分类。而对于流域范围提供的环境资源，既包括同时具有两种属性的纯公共产品，也包括除纯公共产品以外的准公共产品。比如一些来自流域的经过净化的饮用水资源，属于具有非排

他性和非竞争性的准公共产品。对于一些特定区域的流域生态服务，也属于准公共产品，可以对其进行定价，根据受益范围弥补成本。虽然流域生态补偿在某些范围和程度上可以由受益人对其成本进行分担，但环境资源的特殊性决定其本身依然属于公共产品范畴，对于公共产品的提供主要还是由政府作为主导。

流域生态补偿领域除本身具有公共产品属性外，部分公共产品在不同发展阶段还具有私人产品属性，比如净化后的水资源作为居民饮用水时便具有私人产品属性，其成本可以通过收费的方式进行弥补。无论从地理区域还是受益范围，流域生态补偿所涉及的公共产品都跨越不同的地区和行政区域，因而其涉及的公共产品大多属于区域性公共产品。

具体来看，新安江流域生态补偿机制试点过程中，涉及多个公共产品，主要包括水环境治理和环境基础设施建设两个方面，环境治理包含流域流经区域的环境治理以及流域本身的水资源治理，基础设施建设包含水库建设、生态农业建设、生态园区的基础设施建设等。流域环境的治理主要涉及安徽、浙江两个省份，水质保护也涉及新安江流域上下游的各个省市及区县。就受益范围来分析，不仅包括流域环境优化后上下游的环境受益者，也包括水资源环境相关养殖业的受益者，还包括流域水资源净化后的饮用水受益者，其涉及的受益范围十分广泛。地理区域和受益范围两个方面决定了新安江流域所提供的公共产品的区域性属性，区域性公共产品供给与需求两个方面的复杂性增加了新安江流域水环境治理的难度。

（二）新安江区域性公共产品供给分析

对于新安江流域区域性公共产品的分析，主要从供给主体、供给模式和供给资金来源三个方面展开。

新安江流域区域性公共产品主要涉及流域生态环境的治理和保护，其主要的供给主体是由中央政府进行牵头，中央政府与安徽、浙江两省的地方政府。跨省政府签订协议后，其具体项目实施由各个地方政府执行，包括落实到乡镇的垃圾处理体系项目、由政府公开招标投资的安徽省黄山市月潭水库建设、由地方政府与中央政府合作签署的绿色产业项目等。其供给主体基本以政府为主体进行提供。

除了中央政府与安徽、浙江两省政府出资作为主要资金来源之外，对于具体的环境治理和工程建设项目，其资金来源还包括政策性开发银行、金融机构、社会资本等。如一轮试点中黄山市人民政府与国家开发银行签订新安江综合治理战略协议，贷款金额达56.5亿元。二轮试点中黄山市人民政府与国家开发银行、国开证券共同设立新安江绿色发展基金，资金规模达20亿元。此外，还通过PPP模式进行垃圾和污水处理项目的实施，吸取社会融资。

总结新安江区域性公共产品的供给模式，主要包括中央与地方政府合作模式、地方政府间合作模式、地方政府与金融机构合作模式以及公共部门与社会资本合作的PPP模式。

三、新安江流域生态补偿试点运行面临的挑战

新安江流域生态补偿涉及多个跨省市和跨地区的项目的实施，其受益范围的扩大，政府主体的差异以及利益诉求的差异化增加了生态补偿中公共产品有效提供的难度。从区域性公共产品角度看，其主要面临的挑战包括以下几个方面：

（一）上下游产业合作较为缺乏，产业结构有待优化

上游流域的治理主体在承担较大任务的同时，需要关停很多污染性企业，降低一些产业的产值水平，而治理达标后的水资源环境更有益于下游区域发展相关绿色产业，上下游在产业协调方面并没有进行相关产业的合作，产业结构优化方面缺乏联动机制。除了相关绿色产业的合作发展以外，在产学研合作方面上下游地区也较为缺乏。浙江省在技术科研方面具有较大的优势，高校及科研院所资源较为丰富，而安徽省大部分环境治理需要技术科研方面的大力支持，两省在新安江流域治理上缺乏合作，不利于上游地区流域治理及资源的有效利用。

（二）上下游主体资金供给显现矛盾性，上游地区面临较大资金缺口

安徽省作为新安江流域的上游区域，承担着新安江流域环境治理和水质控制的重要一环，虽然在生态补偿资金方面可以获得中央和浙江省的补偿资金，但相比其新安江流域治理的资金需求而言，资金依然较为缺乏。无论从自身经济实力还是地方财政收入方面，与浙江省相比其面临的资金压力很大，特别需要多元化的资金渠道支持。上下游地区自身经济状况及流域治理任务难度的差异性加大了上游区域的资金压力。

从上下游省份的经济实力来看，浙江省的经济实力雄厚，GDP 总额明显高于安徽省，且其 GDP 增长速度也快于安徽省，浙江省处于新安江流域下游，治理任务相对较轻，对于新安江流域治理所需资金压力较小。从财政收支看，安徽省与浙江省 2012—2017 年间财政收入均呈上升趋势，但对比之下，安徽省地方财政一般预算收入远远小于浙江省。两省财政支出逐年增长，但两省的支出差距在逐年加大。安徽省面临的治理任务难度较大和自身经济实力较弱的矛盾增加了资金的压力，需要进一步增加融资渠道，减轻上游地区的资金压力。

（三）流域水环境治理参与主体广泛性不够

新安江流域水环境治理主要参与主体是中央政府、安徽、浙江两省政府及流域各市县政府，但水资源环境的改善及污染物的治理所涉及的受益主体除政府主体外，还包括很多直接受益的企业以及居民个人。而在新安江流域的

治理过程中社会方面的参与度相对较低，使得公共产品的成本和效益不匹配，同时增加了政府主体的风险，降低公共产品供给的效率。

（四）生态补偿融资机制多元化不足

目前的融资机制虽然涉及一些金融机构和社会资本，但项目数量较少，参与的金融机构主体较少，特别是社会资本的引入尚显不足。绿色发展基金设立的类型较为单一，基金规模不够，不能充分满足生态补偿机制顺利运行的资金需求。

（五）生态补偿监管和考核联动性不足

在水资源污染治理、水质监控、流域环境的监管等方面区域合作还较为欠缺，单一的政府治理不足以对新安江流域进行整体的有效治理。在资金的运用和管理方面，由于涉及不同政府主体，跨省市的配套监管部门缺乏合作性，其职责和监管领域的区分增加了资金监管的难度。对于跨省市项目的具体监管方面，监管职责划分不清，对于其他区域的监管还需增强联动性。

四、应对新安江区域性公共产品供给挑战的建议

通过对新安江生态补偿中的区域性公共产品的理论分

析，结合新安江生态补偿机制的具体实践，对完善流域生态补偿机制提出如下对策建议。

（一）完善横向生态补偿转移支付制度

新安江流域生态补偿试点成效明显，可在总结政府间横向生态补偿转移支付实施经验的基础上进一步完善横向生态补偿转移支付制度。一是拓宽资金来源渠道，建立横向转移支付生态补偿基金，除原有的资金渠道之外，还可整合汇集原有的与生态环境保护相关的财政资金，吸纳流域内一定比例（如30%）的环境保护税收入等。二是明确生态补偿的范围，考虑流域上游生态提供区生态环境保护成本与发展机会损失成本，根据各地区财政承受能力和共同认定的应弥补成本总额，合理确定生态补偿横向转移支付的规模。同时，针对全流域生态建设不同情况，结合利益相关方博弈法和受偿意愿法等其他补偿标准测算方法，参考流域治理带来的生态系统服务价值，合理确定补偿标准。三是设置与财政收入增长幅度挂钩的动态调整机制。

（二）加强上下游区域全方位的合作

优化的水流域环境有利于下游区域一些新兴绿色产业的发展，安徽省一些关停的产业可以考虑在污染治理达标的情况下与浙江省企业进行地域合作或产业合作。充分发挥杭黄铁路等重大交通设施的联通作用，按照产业互补、生态共建、发展共享的原则，积极创设平台，强化杭州市和黄山市的产业项目对接。浙江省可以针对绿色产业的发展给予政策性支持，对于安徽省部分产业转移至浙江省给予土地或审批方面的支持，加强上下游产业合作和产业结构的优化。安徽省作为上游区域承担较大的治理责任，但就环境方面的科研机构及专业人才相比较来说，浙江省具有较强的科研能力、相关科研院所较多。两省应该就新安江流域的治理项目在产学研方面加大合作力度，引进优秀的专业化人才，加大治理项目与相关研究院所的合作，浙江省对于安徽省提供一定的科技产业和科研力量的支持，加强这方面产业的合作。

（三）增加流域生态补偿的主体多元化

目前的流域生态补偿参与主体多是地方政府公共部门、环保部门，而流域生态环境的可持续需要多方机构和人员公共努力，在水资源利用和水环境保护方面应该加强企业和居民的参与度。比如新安江流域部分村镇对于垃圾的回收，建立“垃圾兑换超市”，增加全民保护环境的参与度，不仅有利于水环境的可持续，也有利于农村生活方式的转变。通过对企业明确责任，使企业对流域承担部分生态补偿责任，利用市场机制加强企业对于流域环境治理的参与度。

（四）探索流域生态补偿的多样性

在新安江流域生态补偿机制的实施过程中，需要进一步增强区域性公共产品的多样化，探索新型的生态补偿方式。除已有的水环境保护、污水处理、流域周边垃圾的处理等环境治理和保护方式以外，其区域性公共产品的提供可以涉及上下游绿色园区的建设、绿色产业的发展、流域旅游业创新、科研项目的开发等各方面的公共产品。比如黄山市新安江占其总水体面积的73%左右，可以充分利用水资源，大力发展山、水旅游业，增加水旅游业在旅游总收入中所占比重，通过旅游业收入的提升对流域治理成本进行补偿。

（五）建立多元化的融资机制

在流域生态补偿的资金支持方面，主要是中央政府和地方政府出资，资金投入压力较大，虽然有国家开发银行和绿色发展基金的支持，但合作项目较少。流域生态补偿还需要探索新型的融资机制，加强融资主体的多元化，拓宽融资渠道。增加与国家开发银行、其他政策性银行、金融机构的合作，扩展绿色发展基金的资金渠道，有针对性地提供资金支持。通过融资贴息等方式，引导社会资本加大新安江流域综合治理和绿色产业投入。积极引入社会资本参与公共产品的供给，建立和完善有效的公共部门和社会资本（PPP）融资模式，抓好农村垃圾和污水治理 PPP 项目实施，构建多样化的融资渠道和融资模式。

（六）完善问责机制，处理好政府间关系

流域生态补偿的跨区域性增加了建立完善的问责机制的难度，需要结合多方主体明确环保责任范围，健全环保信用评价，加强绩效管理考核。对于污染处理建立有效的考核指标体系，通过指标量化对公共产品供给效率进行考核评价。跨省市区域的流域治理涉及多方责任主体和利益相关者，无论在问责机制还是资金使用方面都存在较大的复杂性，需要明确中央政府与地方政府、地方政府之间对于生态补偿事权责任的划分，对纪检监察部门明确责任监察范围，保证财政资金的有效使用。

参考文献

[1] 王长宇，王偲桐，杜浩然. 地方外溢性公共产品的供给问题探讨 [J]. 经济科学，2015：04，44－53.

[2] 陈瑞莲. 论区域公共管理研究的缘起和发展 [J]. 政治学研究，2003：04，75－84.

[3] 席艳乐，李新. 国际公共产品供给的政治经济学 [J]. 宏观经济研究，2011：10，69－72.

[4] 哈维·S. 罗森（Harvey S. Roson），特德·盖亚（Ted Gayer）著. 郭庆旺译. 财政学（第3版）[M]. 中国人民大学出版社，2015.

[5] 伍凤兰，陶一桃. 区域公共产品的有效供给——基于配置效率的视角 [J]. 财政研究，2015：10，15－20.

[6] 马存利. 流域生态补偿转移支付模式及法制化研究 [J]. 中国国情国力，2017：09，36－38.

[7] 卢志文. 省际流域横向生态保护补偿机制研究 [J]. 发展研究，2018：07，73－78.

[8] 陆军，尹慧. 城市群条件下区域性公共产品的区位选择分析. 中国软科学，2010：08，99－105.

[9] 刘蓉，刘楠楠，黄策. 地区间外溢性公共品的供给承诺与匹配率研究. 经济研究，2013：10，99－105.

[10] [美] 大卫·N. 海曼（David N. Hyman）著，张进昌译. 财政学：理论、政策与实践（第10版）[M]. 北京大学出版社，2015.

第六章

区域性公共产品供给的实践探索

——生态补偿横向转移支付案例

我国在流域治理、森林保护以及水源地涵养等领域开展了不同尺度的区域性公共产品供给的横纵向转移支付机制的实践探索。本章通过对若干案例的分析，得出区域性公共产品供给中的主体多元化、资金渠道多样化、补偿方式市场化、生态产品价值实现机制化等启示。

案例1

新安江流域生态补偿全面升级

生态补偿是一种让生态环境保护者得到补偿的制度设

计。“十三五”期间，生态补偿试点积累了宝贵经验，形成了典型的“新安江模式”。目前，新安江流域横向生态补偿全面推广升级，安徽省正加快建设新安江—千岛湖生态补偿试验区。

为保护好山好水，“新安江模式”全面推广。2018年起，安徽省相继实施地表水断面生态补偿、环境空气质量生态补偿。2020年1月起，沱湖流域生态补偿实施。安徽省建立“以市级横向补偿为主、省级纵向补偿为辅”的补偿机制，超标断面责任市支付污染赔付金，水质改善断面责任市获得生态补偿金。2019年，安徽省生态补偿断面水质提升累计500次，产生补偿金共28675万元。断面赔付因子超标累计111次，产生赔付金共8950万元。

市级横向补偿实行“双向补偿”。当断面水质超标时，责任市将支付污染赔付金；当断面水质优于目标水质一个类别以上时，责任市将获得生态补偿金。2019年，安徽省地表水断面生态补偿资金实际支付污染赔付金8950万元，生态补偿金28675万元。目前，地表水断面生态补偿机制已向市级全面拓展，全省16个市均建立了市级跨县（市、区）的地表水断面生态补偿机制，横跨3市的沱湖流域生态补偿开始实施。

做优皖苏滁河流域横向生态补偿。2018年年底，皖、苏两省政府就实施滁河流域生态补偿签署协议。滁河流域上下游横向生态补偿以“权责对等，双向补偿；协同保护，联防联治；多元合作，互利共赢”为基本原则，根据国家确定的水质目标和补偿标准，实施“谁超标谁补偿、谁达标谁受益”的双向补偿。目前，滁河流域生态补偿已正式实施，根据水质监测情况，2019年度断面水质为Ⅲ类水，满足补偿考核要求，江苏省拨付安徽省补偿资金2000万元，安徽省财政拨付滁州市滁河生态补偿资金3000万元。

建立高规格领域小组，推进生态补偿常态化。跨省流域生态补偿机制试点后，皖浙两省已进入第三轮合作，试点转向常态化。安徽省成立高规格领导小组，省委、省人民政府主要领导推动试点工作，将生态补偿机制试点改革纳入五大发展行动计划，纳入长三角更高质量一体化发展的工作范畴。

点评：

新安江流域生态补偿试点以生态补偿为核心，以生态环境保护为根本，以绿色发展为路径，建立了以制度创新为保障的生态文明建设模式。该模式不但调动了上下游协同共治、加强生态环境保护的主动性，而且为探索生态产品价值实现奠定了基础。该模式的顺利推行与不断完善升级，不仅显著提高了新安江流域水质、人居环境以及公共环保意识，更为新发展阶段加快推动区域协调发展、建立环境友好型社会创新了制度安排。因此，应进一步总结经验，扩大试点范围和领域，打造新安江流域生态环境共保联治新样板和生态产品价值转化新典范。与此同时，应提高横向生态补偿资金使用效益，有效拓宽横向生态补偿资金筹措渠道，吸引社会资本进入；加快探索生态产品价值实现机制，实现从“输血”与“造血”相结合。

（资料来源：安徽省人民政府官网，http：//www. ah. gov. cn/zwyw/ztzl/tdgzlfzdysdgjz/zcjd/zc/8106481. html）

案例 2

赤水河横向生态补偿

近年来，在“共抓大保护，不搞大开发”理念指引下，云贵川三省建立起了合作共治、责任共担、效益共享的流域保护和治理长效机制，有力地推进赤水河流域生态保护。

四部门联合构建生态补偿政策框架，生态补偿得以顺利推进。2018 年 12 月，云南省财政厅等四部门联合印发《建立健全流域生态保护补偿机制的实施意见》（以下简称《实施意见》）、《促进长江经济带生态保护修复补偿奖励政策实施方案》（以下简称《奖励政策实施方案》）、《建立赤水河流域云南省内生态补偿机制实施方案》，标志着联合构建的长江经济带“1 + 2”流域横向补偿政策框架正式形成。其中，《实施意见》指导各市签订流域横向生态补偿协议，推动省内流域横向生态补偿机制体制建立。“2”即两个方面的重要支撑方案。《奖励政策实施方案》针对六大水系制定了全流域补偿方案。结合云南省会同四川省、贵州省签订的《赤水河流域横向生态保护补偿协议》，全流域补偿方案已用于指导跨省流域补偿所涉及的省内地区的生态补偿工作。

横向合作赋动能，为云贵川生态环境保护和治理提供有力的财政支撑。根据协议，云、贵、川三省按比例共同出资 2 亿元设立赤水河流域水环境横向补偿资金。按比例进行资金分配，贵州、四川各出资 2000 万元补偿上游云南省，以解决上下游投入和收益不对等问题。目前，云南省长江流域所属地区已签署并推动实施横向生态补偿协议。通过整合中央奖补资金、生态功能转移支付资金、生态能值补助资金，长江全流域生态补偿资金总量预计将达到约45亿元，将为云南省实施长江经济带生态保护治理提供坚实的财力保障。

多主体参与，协作共治。贵州省投巨资对赤水河进行生态治理，将赤水河作为全省生态文明体制机制改革试验田。在酿酒企业集中的仁怀市，通过推进流域酿造废水治理，建成酿酒废水集中污水处理设施19座，污水处理能力达每天5.04万吨。茅台集团投资4.3亿元进行冷却水循环利用改造，每年减少用水315万吨。2019年，四川省出台《四川省赤水河流域横向生态保护补偿实施方案》。该方案提出，新增赤水河干流醒觉溪断面，责任县为合江县，由泸州市统筹中央、省、市级资金分配，给予合江县补偿资金，激励守护赤水河水质断面。

“输血”“造血”相结合，乘势发展绿色产业。生态补偿促进产业结构调整。贵州省仁怀市积极引导“靠水吃水”的群众“上岸”，鼓励大力发展火龙果、乌骨鸡、金钗石斛等特色产业，形成了农、酒、旅一体化的绿色产业群。依托流域横向生态保护补偿契机，沿河地区强化产业转型。四川省古蔺、叙永等县市大力发展精品果业、绿色蔬菜业、特色经作业等八大特色农业产业，打造“合江荔枝”“赤水河甜橙”等区域公用品牌，创建肉牛产业园、肉牛综合体等现代农业产业融合示范园区10个。合江县实施“易地扶贫搬迁+文旅扶贫”，打造尧坝驿产业综合体，实现旅游综合收入4.5亿元。

建立流域上下游跨省跨市联防共治强监督机制。2019

年起，仁怀市人民法院就与四川省古蔺县人民法院建立了跨省生态环境保护司法协作机制，搭建信息资源互通平台，有效打破流域内各自为政的壁垒，形成了流域内审执一体化、共护一江清水的格局。2019 年 10 月，四川省生态环境厅、贵州省生态环境厅共同签订了《突发环境事件联防联控合作协议》，建立了突发环境事件应急联动工作长效协作机制、突发环境事件联合防控预警机制、跨省突发环境事件联合应对机制、跨省突发环境事件协同后期处置机制等四项机制。

点评：

横向生态补偿是生态文明建设伟大实践。通过滇黔蜀联合推进，财政等多部门密切配合，探索横向生态补偿合作赋能，引导多主体参与共治，不断强化监管机制，逐步激活并增强“造血”功能，加快推动法制建设，赤水河流域横向生态补偿机制建设取得阶段性进展和实质性成效，流域水质发生了根本性好转，实现了经济、社会以及生态等多重目标。同时，我们也应该看到，上游地区也面临横向生态补偿资金仍未落地、生态补偿资金来源仍比较单一、生态补偿资金使用范围不明确等问题和困难，严重阻碍地区生态补偿常态化。

因此，赤水河上游地区要更好地推动实施赤水河跨省横向生态补偿，需要通过推动和激励市场化资金、鼓励引导金融机构创新绿色金融服务等措施，充实横向生态补偿资金池；强化生态补偿资金预算管理，按照资金来源和类别对生态补偿资金使用方向予以细化明确，提高生态补偿预算资金使用效益；建设多主体参与共治机制平台，加强国有资本对上游水源和重点流域的把控，吸引企业、第三方机构及消费者协同治理。而且，将赤水河流域生态产品价值实现作为乡村振兴的重要抓手，加快探索生态产品核算，趁势发展生态产业，在实践中探索绿水青山向“金山银山”转变的有效路径。

（资料来源：中国环境报，https://www.cenews.com.cn/；新华网，http://www.xinhuanet.com/2020-12/18/c_1126875070.htm）

案例3

黄河流域横向生态补偿机制

为认真贯彻落实党中央、国务院关于健全生态补偿机制的决策部署，以持续改善流域生态环境质量和推进水资源集约利用为核心，探索建立具有示范意义的全流域横向生态补偿模式，财政部等四部门联合制定了《支持引导黄河全流域建立横向生态补偿机制》。试点方案明确了横向生态补偿机制实施范围为沿黄九省（区），2020—2022年开展试点，旨在探索建立流域生态补偿标准核算体系，完善目标考核体系、改进补偿资金分配办法，引导建立横向生态补偿机制，对流域生态环境保护贡献突出的地区给予资金激励。

建立生态补偿机制大数据信息系统，探索生态产品价值实现有效路径。财政等部门联合地方政府，建立黄河流域生态补偿机制工作平台，统筹整合相关数据，与其他信息系统充分衔接，集成森林、草原、湿地、湖泊、水土流失治理、生态环境质量以及经济社会发展等情况。探索开展生态产品价值核算计量，逐步推进综合生态补偿标准化、实用化，为市场化、多元化生态补偿机制建设提供有力支撑。适时更新发布沿黄九省（区）相关工作进展情况，推动各部门、各地方生态环境大数据共建共享，确保相关数据准确客观全面。沿黄各省（区）应充分发挥平台的作用，对建立起横向生态补偿机制并经上下游协商一致的，可在平台中不断扩展加载模块，充分发挥管理平台对机制建设的服务功能，督促工作开展、实时发布数据、强化沟通协商、跟踪补偿资金使用等。充分利用平台数据综合集成、全面系统的优势，探索开展生态产品价值计量，推动横向生态补偿逐步由单一生态要素向多生态要素转变，丰富生态补偿方式，加快探索“绿水青山就是金山银山”的多种现实转化路径。

中央财政安排引导资金。中央财政每年从水污染防治资金中安排一部分资金，支持引导沿黄九省（区）探索建立横向生态补偿机制。资金纳入中央生态环保资金项目储备库管理，采用因素法分配，分配测算的因素主要考虑各省（区）在黄河流域生态环境保护和高质量发展方面所做的工作、努力程度以及取得的成效。主要因素及权重分别为：水源涵养指标30%、水资源贡献指标25%、水质改善指标25%、用水效率指标20%。资金安排向上中游倾斜，可按照各地机制建设进度、预算执行情况、绩效评价结果等设定调节系数。

鼓励地方加快建立多元化横向生态补偿机制。跨省流域横向生态补偿机制建设以地方补偿为主，各地要积极主动开展合作，强化沟通协调，尽快就各方权责、跨省界水质水量考核目标、补偿措施、保障机制等达成一致意见，推动邻近省（区）加快建立起流域横向生态补偿机制，同时鼓励各地积极探索开展综合生态价值核算计量等多元化生态补偿机制创新探索，鼓励开展排污权、水权、碳排放权交易等市场化补偿方式，形成完善的生态补偿政策体系。试点初期，中央财政对开展生态补偿机制建设成效突出的省（区）安排奖励，鼓励地方早建机制、多建机制，进一步引导地方积极参与、支持黄河流域生态环境保护和高质量发展，推动黄河流域横向生态补偿机制建设水平迈上新台阶。

通过逐步建立黄河流域生态补偿机制，实现黄河流域生态环境治理体系和治理能力进一步完善和提升，为实现生态功能增强、生物多样性稳步增加以及水质稳中向好等多重目标，建立健全生态产品价值实现机制，增强造血功能和绿色发展能力，打下坚实的基础。

点评：

黄河流域是生态补偿机制建设的重点区域。实事求是地讲，上中游沿黄省份面临着生态脆弱和经济发展动力不足双重压力。因此，在中央财政资金的支持下，鼓励地方建立生态补偿机制数据管理系统，探索生态产品价值实现有效路径，加快建立多元化的横向生态补偿机制，对推动黄河流域生态保护和高质量发展具有重要意义。与其他地区横向生态补偿试点工作不同的是，黄河流域更加重视流域横向生态补偿数字基础设施建设，注重生态产品价值核算和数字化网络平台的构建。换言之，该流域运用数字技术赋能流域横向生态补偿，不仅提供了强有力的数字技术支持，而且对更加高效地核定标准、更加公平地开展“对赌”双向补偿，探索多形式的补偿方式，强化横向补偿资金监管，逐步推动黄河流域高质量发展具有重大意义。

（资料来源：生态环境部官网，http：//www. mee. gov. cn/xxgk2018/xxgk/xxgk10/202005/W020200509654830967847. docx）

案例4

潮白河流域横向生态补偿

密云水库上游潮白河流域水源涵养区是京冀水源涵养功能区的重要组成部分。2018 年，河北省与北京市共同签署了《密云水库上游潮白河流域水源涵养区横向生态保护补偿协议》，协同促进流域水资源与水生态环境整体改善。

加强横向生态补偿资金使用，激励水源地保护行为。北京市财政于 2018 年底前，先行向河北省预拨补偿资金 2 亿元人民币，河北省财政配套 1 亿元人民币，下一年根据目标考核情况进行清算。同时，两地将在密云水库上游 1.6 万平方公里，包括延庆、怀柔、密云和张家口、承德两市五县，开展“山水林田湖草”一体化保护试点工作，开展生态清洁小流域建设、河滨带、库滨带生态治理、污水处理与再生水利用、农业面源污染治理等工作，发展绿色产业。

拓展水源地生态保护补偿的内涵。协议实施年限暂定为 2018—2020 年，考核依据为水量、水质、上游行为管控三个方面。相对于以跨境考核断面水质情况作为考核依据的做法，该协议拓展了水源地生态保护补偿的内涵。协议建立了考核与激励相结合的机制。北京市对密云水库上游潮白河流域承德市、张家口市等地进行生态保护补偿，对污染治理工作成效进行奖励。水质考核在国家规定的高锰酸盐指数、氨氮、总磷三项指标外，增加了总氮指标，对总氮下降幅度给予奖励。

支持措施由单纯资金项目支持转向综合政策支持。对京冀协同水源保护由单纯资金项目支持转向综合政策支持，将对上游地区的项目支持改为补偿政策支持，给张家口、承德及其相关五县更大的自主权，有利于上游统筹做好水环境治理、水生态修复及水资源保护等工作。

点评：

建立流域生态补偿机制是大力实施京津冀协同发展战略的重要内容。通过横向生态保护协议，加大力度保护潮白河流域水源涵养区，为北京市用水安全筑牢根基。通过加强横向生态补偿资金使用，激励水源地涵养区域保护行为，有效统筹推进水源地污染治理、生态改善以及绿色发展，拓展了水源地生态保护补偿的内涵。在支持措施方面，水源地保护由单纯资金项目支持转向多管齐下的综合政策支持，不仅可以在一定程度上提高财政资金使用效率，而且可以为探索多形式补偿、拓宽融资渠道创造条件，以及为进一步跨流域生态环境协同治理开辟窗口，从而提高跨区域横向生态的可持续性、弹性和韧性。未来，潮白河流域水源涵养区不仅要加大财政投入力度，进一步强化水源涵养区生态保护，确保用水安全，还应加大对水源地涵养区监测控制、技术支持以及搬迁等政策支持力度。

（资料来源：生态环境部官网，http：//www. mee. gov. cn/xxgk/gzdt/201811/t20181109_673242. shtml）

案例5

宜春市小流域治理

江西省宜春市小流域治理，以流域横向生态补偿为激励，创新农村污水处理模式，做实做细河长制。

实施流域横向生态补偿，倒逼地方主体责任落实。宜春市在全省率先推动跨县流域上下游横向生态保护补偿工作，争取省级奖补资金共计7000万元，占全省资金总额的21.5%。作为首个实施跨县流域上下游横向生态保护补偿的设区市，宜春市统筹谋划推进"上下游"、"干支流"、"左右岸"治理。同时，宜春市也是江西省首批做到流域横向补偿全覆盖的设区市之一，覆盖赣江、修水和锦江等13条干支流、10个县（市、区）和宜春经开区、明月山温泉风景名胜区、宜阳新区。经合计，宜春市获得省内流域上下游横向生态保护补偿省级奖补资金1.38亿元。通过2019年度结算，产生3850万元县级上下游补偿资金横向流动。

"集中式"与"分散式"治污相结合。采用集中式污水处理厂和分散式污水处理站相结合的方式，彻底解决了黑臭水体治理难题。截至目前，中心城区方科污水处理厂、宜阳新区城北污水处理厂、宜春经开区污水处理厂相继建成投入使用，集中处理能力达21万吨/日；投入1.12亿元，在中心城区城南片区、城北片区、城区周边乡镇等区域建设了20座分散式污水处理站，处理能力达4.45万吨/日。目前，所有分散式污水处理站均已投入运行，大大削减了总磷等主要污染物浓度。

探索河长认领制。宜春市境内 371 条河流、15 个湖泊、1935 座水库均已实施河湖长制管理，做到市县乡村四级河湖长制体系全覆盖。同时，宜春市积极探索“河长认领制”，开展水环境联合执法，设立河道警长，加强村级“三员”（专管员、巡查员、保洁员）建设。

点评：

作为小流域治理的典型代表，宜春市以小流域生态综合治理为抓手，通过实施跨县横向生态补偿、创新污水处理模式以及做实做细河长制等，显著提高县域环境治理的综合实力，探索出县域生态环境保护和流域治理的长效机制，将示范河流打造成能保一方平安、可持续发展的幸福河。

与此同时，小流域治理应及时从“化缘讨饭”向“生火做饭”转变，加强县域生态环境治理的自生能力。基于县域横向生态补偿的探索，未来宜春市更应该发挥有为政府的积极作用，一方面应拓宽生态保护资金的渠道，增加县域间环境治理专项出资比重，减少对省级财政奖励的依赖。另一方面，继续做实做细河长制，巩固生态质量改善的成果。在此基础上，县域之间应立足于地域生态环境比较优势，合作共进，推动旅游产业、康养产业以及文化产业协同发展，着力探索生态产品价值实现的市场机制，逐步增强县域自生能力。

（资料来源：财政部官网；宜春市官网；http：//www.mof. gov. cn/zhengwuxinxi/xinwenlianbo/jiangxicaizhengxinxilianbo/201902/t20190220_3175033. htm；http：//www.jiangxi. gov. cn/art/2020/6/12/art_6392_2478992. html）

案例6

引滦入津上下游横向生态补偿

全长近100公里的小滦河，是滦河的一级支流。“引滦入津”30多年后，随着京津冀协同发展战略的推进，2017年上半年河北和天津正式签订了《关于引滦入津上下游横向生态补偿的协议》（以下简称《协议》），试图重新构建上游保护地区和下游受益地区之间的关系。

设立引滦入津上下游横向生态补偿资金。《协议》明确指出，每年获得中央财政奖励资金3亿元，天津、河北配套资金各1亿元。截至目前，已下达生态补偿金4.98亿元，用于滦河流域潘大水库清网清鱼过程中的渔民补偿。2019年年底，第二期引滦入津上下游横向生态补偿资金设立，由天津、河北、中央共同出资组成，按照“统筹兼顾、目标导向、绩效管理”进行管理。天津市财政、河北省财政每年各安排资金1亿元，中央财政补助资金按政策申请。中央生态补偿资金按规定用于支持中央水污染防治项目储备库入库项目。

加强资金管理，提高资金使用效益。为规范第二期引滦入津上下游横向生态补偿资金使用，提高财政资金使用效益，2020年8月，河北省财政厅与生态环境厅联合出台《引滦入津上下游横向生态补偿资金管理办法》。该办法提出，生态补偿资金主要采取因素法分配，还可根据使用生态补偿资金县（市、区）上年度预算执行进度、资金使用绩效和生态环境改善成效对测算结果进行调整，体现结果导向，调整比例不超过 20%。其中，具体分配因素包括流域控制单元面积、潘大水库周边重点区域数量、协议考核断面数量、常住人口密度、人均一般公共预算收入等，权重分别为 50%、25%、5%、10%、10%。

开展重点绩效评价，强化全过程预算绩效管理。为确保资金落实落细，河北省财政厅、省生态环境厅将适时开展重点绩效评价，必要时可聘请第三方机构共同参与，对市、县（市、区）自评结果进行抽查，绩效评价结果与资金安排挂钩。各地生态环境部门将对生态补偿项目跟踪问效，开展全过程预算绩效管理，强化项目监管，确保资金使用效益发挥。

点评：

引滦入津关系到天津市用水安全。上下游横向生态补偿协议是在中央财政资金的引导下开展的两地横向生态补偿。该协议重点目标突出，着重强调环境评价结果，注重强化财政资金绩效管理，将生态环境绩效与资金安排相挂钩，对促进横向生态补偿财政资金提质增效、全力保障引滦入津安全开展作用显著。

（资料来源：河北省人民政府官网，http：//info. hebei. gov. cn//eportal/ui？pageId = 1979195&arti cle-Key = 6938735&columnId = 6910421）

案例 7

汀江—韩江流域横向生态补偿

发源于闽西的汀江，为韩江的重要支流，关乎广东

1000多万人的饮水安全。2016年3月，福建与广东签署了《汀江—韩江跨省上下游横向流域生态补偿协议》，成为全国第二个跨省生态补偿机制试点。

制定“双向”补偿机制。闽粤两省共同设立汀江—韩江流域上下游横向生态补偿资金，每年各出资1亿元，根据水质目标达成情况拨付资金；中央财政依据考核目标完成情况确定奖励资金，拨付给流域上游的福建省有关地区用于水污染防治工作。与“下游补上游”单向补偿不同，汀江—韩江流域横向生态补偿实行“双向”补偿奖惩机制，即以双方确定的水质监测数据作为考核依据，当上游水质稳定达标时，由下游拨付资金补偿上游；反之，则由上游赔偿下游。2016年以来，累计投入汀江流域保护资金逾35亿元，实施重点水环境整治项目240个。闽粤建立了省际沟通协商、联合监测、监督问责机制，对补偿机制运行情况、水质改善情况、项目建设情况、资金使用情况，及时开展常态化绩效评估，促进补偿机制有效落实。

加强生态治理，倒逼产业结构转型。武平县象洞镇是生猪养殖大镇，养殖高峰期全镇生猪年存栏超过15万头，象洞溪污染严重，出境水质曾出现劣Ⅴ类。闽粤签署“治水”协议后，武平举全县之力开展“百日会战”，坚持“拆、转、治、清、管”整治思路，抽调县直部门260名业务骨干奔向治污一线，全天候驻各片区开展工作，拆除猪舍2656户，面积553万平方米，减栏生猪368750头，流域水质迅速提升。同时，武平县和象洞镇政府大力引进专业化农产品生产和花卉种植观光基地项目，解决了产业转型问题。

以结果为导向综合考量，统筹使用补偿资金。按比例统筹整合9个部门20个与生态环保相关的专项资金，设立综合性生态补偿资金池，根据试点县生态指标考核结果，给予分档奖励。在考核方式上，综合了林业、生态环境、水利、住建、工信、自然资源、统计等8个部门的指标，设置考核指标11个，涵盖了区域水质、森林覆盖率、空气质量等环境要素指数，污水处理、垃圾处理等生活环境质量评价，以及工业能耗、农田任务完成等区域发展绩效的评估。在补偿方式上，强化结果导向，补偿资金与生态环境质量改善指标考核结果直接挂钩，采用先预拨后清算的办法，并加大对完成综合性生态保护目标的正向激励力度，倒逼各地注重绩效结果转变。

点评：

汀江—韩江流域横向生态补偿是两地自发的、基于流域协同治理的重要举措。设立综合性生态补偿资金池，制定“双向”补偿机制，开展“水质对赌”竞赛，对两地主动提高横向生态补偿资金使用效率，加快推进辖区内流域治理机制建设、生态治理项目建设以及督查问责机制建设等具有显著的促进作用。同时，在“水质竞争锦标赛”模式下，极大地调动了两地产业结构调整积极性，更加注重多部门联合治理，以及制定区域发展绩效综合评估，防止“短、平、快”抢夺补偿资金的过激行为，有效地兼顾了短期生态环境治理和长期可持续发展。

（资料来源：https：//www. ndrc. gov. cn/fggz/202008/t20200812_1236044. html）

案例 8

九洲江流域横向生态补偿

保护九洲江流域生态环境粤越桂两地的共同责任。2015—2017 年，粤桂两省九洲江流域上下游横向生态补偿取得良好成效。在此基础上，为进一步改善水环境质量，两地政府签订了九洲江流域上下游横向生态补偿的协议（2018—2020 年）。

协议明确了横向生态补偿标准。以九洲江流域的山角断面作为考核监测断面，考核指标为《地表水环境质量标准》（GB3838－2002）表 1 中 pH 值、高锰酸盐指数、氨氮、总磷、五日生化需氧量 5 项，以中国环境监测总站确定的水质监测数据作为考核依据。跨省界断面水质年均值达Ⅲ类水质标准，2018 年、2019 年、2020 年跨省界断面水质月均值达标率分别达到 75%、83% 和 100%，加大对九洲江 3 条支流塘蓬河（英桥河）、沙铲河（长山河）、高桥河（大坝河）的污染治理力度，推动水环境治理持续改善。

共同设立横向生态补偿资金。广西、广东两省共同设立九洲江流域上下游横向生态补偿资金，2018—2020 年度由两省每年各出资 1 亿元。中央财政依据考核目标完成情况确定奖励资金，中央奖励资金拨付给流域上游省份，专项用于九洲江流域水污染防治工作。资金用于两省政府批复的《粤桂九洲江流域水污染防治规划》确定的目标要求和工程任务。两省共同加强补偿资金使用监管，确保补偿资金按规定使用，充分发挥资金使用效益。

点评：

在中央大力支持以及粤桂两省的共同努力下，九洲江流域上下游横向生态补偿得以顺利推动并高效实施。通过设立共同的横向生态补偿资金、明确补偿标准，流域农业、工业和城市生活污染源得到了有效控制，以及饮用水源保护区得到不同程度的治理，一定程度上遏制了流域水质恶化的趋势，显著地改善了流域水质，有效保证了粤桂地区用水安全。

（资料来源：http：//www. gxzf. gov. cn/sytt/20190110 - 730699. shtml）

案例 9

重庆探索建立森林横向生态补偿机制

保护好生态环境，筑牢长江上游重要生态屏障是重庆义不容辞的责任和义务。为统筹推进生态保护和经济发展的关系，重庆市制定森林覆盖率约束性指标，实施提高森林覆盖率横向生态补偿机制，顺利完成森林覆盖率目标任务。

依据功能区定位，制定森林覆盖率约束性目标。对标 2022 年全市森林覆盖率 55% 的目标要求，将 38 个区县划分为四类。分类下达目标任务，明确各地森林覆盖率的约束性指标。其中，国家确定为产粮大县或菜油主产区（不包括国家重点生态功能区县）的 9 个区县森林覆盖率目标值不低于 50%；既是产粮大县又是菜油主产区的 6 个区县不低于 45%；出售森林面积指标的区县森林覆盖率不低于60%；其余区县不低于55%。

建立横向生态补偿机制，生态功能区与受益区实现“双赢”。为了促进森林资源保护与区域间经济社会发展的良性互动，2018年重庆市在全国首创探索建立了“提高森林覆盖率横向生态补偿机制”。2019年，九龙坡区与城口县、江北区与酉阳县签订了《横向生态补偿协议》。其中，按照补偿机制确定的标准，江北区以造林1000元/亩、管护100元/亩（按15年进行计算），购买酉阳县7.5万亩森林面积指标，总额为1.875亿元，分三年支付给酉阳县。该森林面积指标仅专项用于江北区森林覆盖率目标值计算，不与林地、林木所有权等权利挂钩，也不与造林任务、资金补助挂钩。到2021年江北区的森林覆盖率（加上购买的7.5万亩指标）若仍未达到55%，江北区还要向酉阳县增购相应的森林面积指标。

主动探索多元化森林覆盖率提升途径，统筹推进生态保护和经济发展。通过实施横向生态补偿，保护发展生态的地方能受益，让绿水青山变为“金山银山”，对促使各地履行提高森林覆盖率职责，由被动完成植树造林任务转变为主动加强国土绿化工作，形成共同担责、共建共享的工作格局具有重要的意义。各地积极性大增，主动担起国土绿化责任，不仅解决了森林覆盖率提升难题，还调动了各地深挖国土绿化潜力的积极性。其中，渝北区将大规模国土绿化提升行动与乡村产业振兴结合起来，在全区新建两个10万亩工程（10万亩特色经果林和10万亩生态林），打造全市发展现代丘陵山区特色高效农业的靓丽名片。

点评：

森林覆盖率横向生态补偿机制是重庆市横向生态补偿机制在森林生态保护领域的创新之举。重庆市通过功能区定位，科学地制定森林覆盖率约束性目标，并通过建立横向生态补偿机制，鼓励各地区积极探索多元化森林覆盖率提升的有效途径，促进生态功能区与受益区实现“双赢”，实现了统筹推进生态保护和经济发展两条腿走路。在促进森林覆盖率总体目标实现的同时，兼顾了生态功能区和受益区之间的公平，实现了经济发展、生态保护、社会稳定等多重目标。

（资料来源：http：//www.cq.gov.cn/zwxx/jrcq/202001/t20200114_4688933.html）

案例10

中山市生态保护区纵横向生态补偿模式

五桂山生态保护区生机盎然，是中山市的“绿肺”。2015年以来，中山市将各镇区的公益林和耕地与镇区面积比例总体考虑，计算生态补偿资金，公益林和耕地较少的镇区做出补偿。2018年，将饮用水源保护区纳入生态补偿体系，实现森林、水流、耕地等重点领域和禁止开发区域、重点生态功能区等重要区域生态补偿全覆盖的目标。

“统筹型”生态补偿，践行公平原则。2014年中山市生态环境局制定并实施了《关于进一步完善生态补偿机制工作的实施意见》（以下简称《实施意见》）。根据《实施意见》，中山市2015年将省级生态公益林、市级生态公益林、基本农田和其他耕地纳入生态补偿范围，首创“市财政主导，镇区财政支持”纵横相结合的统筹型资金筹集模式。纵向，即市、镇（区）财政按4∶6比例分担生态补偿资金；横向，即各镇区根据其生态补偿责任支付生态补偿资金上缴市财政，进入市生态补偿专项资金，通过市财政统筹，将生态补偿资金划拨到各镇区，从而实现镇区间的横向转移支付。镇区发展受限范围缺口面积占全镇面积的比例越大，其综合责任分配系数越大，可获得的生态补偿金越高。

纵横结合的生态补偿资金筹集模式促进生态保护与经济发展相协调。以五桂山生态保护区为例，2015 年，五桂山生态补偿范围从 95041 亩扩大到 100117 亩。其中，公益林 91119 亩，基本农田 3922 亩，一般耕地 5076 亩。五桂山获生态补偿金资金 825.4 万元，比改革前的 306.5 万元提高 518.9 万元，增幅达 1.7 倍，促进生态保护与经济发展相协调。2018 年，中山又将饮用水源保护区纳入生态补偿体系，实现森林、水流、耕地等重点领域和禁止开发区域、重点生态功能区等重要区域生态补偿全覆盖的目标。

补偿标准翻倍，调动绿色发展积极性。2015 年，中山生态公益林、基本农田以及其他耕地的补偿标准分别为 80 元/年/亩、100 元/年/亩和 50 元/年/亩。从 2015 年到 2019 年，5 年时间生态补偿范围扩大的同时，生态补偿标准也不断提高。2019 年，中山生态公益林、基本农田以及其他耕地的补偿标准分别提高至 135 元/年/亩、225 元/年/亩和 112 元/年/亩。按照补偿方案，补偿标准还将逐年提高，至 2022 年，上述三项补偿标准将分别提升至 161 元/年/亩、268 元/年/亩和 134 元/年/亩。

点评：

中山市纵横结合模式的生态环境补偿机制更加聚焦于基层政府和微观主体行为，直接缓解了乡镇生态环境保护的财政压力。为生态服务付费的先进理念和创新实践提高了农民收入，极大地调动了农民自主参与生态保护的积极性。这不仅免除了镇区配套生态公益林资金的责任，镇区政府还可统筹使用镇管护经费。随着生态公益林生态补偿资金标准的提高，镇区统筹部分规模增加，镇区生态公益林管护能力明显提高。同时，生态补偿将饮用水源保护区纳入生态补偿体系，实现森林、水流、耕地等重点领域和重点生态功能区生态补偿全覆盖的目标，更是巩固脱贫攻坚胜利成果，有力统筹生态环境保护与乡村振兴，成为化解地区经济发展不平衡矛盾、扎实推进共同富裕的有效手段。

（资料来源：中国生态补偿政策研究中心，http：//www. ecocompensation. org. cn/news/73）

总结与启示：

横向生态环境补偿机制是生态文明建设的制度创新之举，是协同推进生态保护和经济发展的有效路径，更是巩固脱贫攻坚伟大成果、加快推进乡村振兴战略的重要举措，调动了流域上下游政府、企业以及社会公众加强生态环境保护的积极性，有助于化解区域发展矛盾、推进共同富裕。

目前，横向生态环境补偿机制在流域治理、森林保护以及水源地涵养等各领域都发挥着重要作用，并配合着制度变革、法律完善以及技术支持等，展现着强大的生命力。在经济发展环境不确定性不稳定性日渐增强、经济发展速度趋缓以及财政压力增大背景下，“十四五”时期，继续发挥横向生态补偿的积极作用，建议从以下方面着手：

(1) 进一步保持中央财政政策对横向生态补偿的稳定引导作用，不宜过快抽离。尤其是在沿流域省份经济发展水平都较低的情形下，更应延缓中央财政资金的抽离时间，支持地方建立起完整的横向生态补偿机制；而对于经济发展水平加高的地区，应缩短中央财政对流域支持的支持时间，加强生态环境治理和地区绿色发展综合评估，鼓励沿流域省份之间适时进行“水质竞赛”。

(2) 强化横向补偿财政资金预算管理；强化生态补偿财政资金全过程监督，防止财政资金浪费、地区合谋和变相骗补，提高财政资金使用效率。

(3) 注重横向生态补偿微观主体的责任落实，适时开展更小范围的流域横向补偿，避免公共产品供给责任人缺失；探索横向生态补偿多主体参与模式，吸引社会资本和社会组织参与共治，并尝试探索单一的资金补偿向综合政策、技术支持等多种方式补偿转变。

(4) 进一步拓宽融资渠道，扩大横向生态补偿资金池，鼓励试行排污权、水权、碳排放权交易等市场化补偿方式，加快培育市场化生态产品价值实现机制，强化需求端管理，适当提高流域保护区工业和生活用水价格。

(5) 逐渐培育“造血干细胞”，强化地区自生能力，提高横向生态补偿可持续性。

第七章

区域性公共产品有效供给的思考与建议

有效供给区域性公共产品，可以从建立完善的供给机制，拓展供给主体及供给模式，拓宽区域性公共产品资金来源，强化激励相容的政府间横向生态补偿转移支付方式，提高跨区域公共产品的供给效率等方面入手。

一、建立完善的供给机制

作为有限理性人的经济主体，地方政府只关心本辖区内没有外溢性或外溢较小的环境治理公共产品的供给问题，对于外溢性较强的则依赖于中央或者直接将供给责任推给收益外溢“相邻”的地方，中央政府往往选择通过资金支持解决，而获得资金的地方是否真实地按照资金用途来供给外溢性环境公共产品却是一个未知数。因此，对于外溢性较强的区域性公共产品，除了需要中央资金支持以外，更多的仍需要地方政府之间自行构建以自由协商为基础的联合供给机制，这种联合供给机制可以通过健全区域协同治理机制起到促进区域合作的作用。

对于区域性公共产品供给的问题，还可探讨类似于“行政边界”或“经济边界”的界定，在此边界内相关联的地区之间，可以针对公共产品供给制定一个合作供给与成本分摊协议。在理论上，合理清晰的合作协议涉及相关主体的切实利益，因此横向协商在各主体之间具有有效性；在实践上，自愿合作机制培养了各方遵从协议的内在动机。相关主体之间不仅能主动积极完成协议，还能起到互相监督的作用；在合作的具体内容上各方可以根据自身的资源禀赋，积极发挥比较优势和规模效应，不仅可以实现信息互通互补，还可以进一步加强在知识技术、人力与设备上的交流与共享，从而共同治理“环境边界”内的污染问题。

二、拓展供给主体及供给模式

尊重市场规律，探索引导社会各方参与生态补偿建设，达到筹集生态补偿资金共建优质流域生态和减少污染的目的。在生态补偿融资机制中引入多元主体，向中央政府、地方政府、集体经济、非政府组织、企业、个人共同参与的多元化融资机制转变，逐步拓展生态补偿的融资渠道。争取国际性金融机构的优惠贷款或国外民间社团组织和个人的捐赠。拉动社会公众对生态服务的需求，识别公众对生态保护支付意愿，加大对私人企业和个人生态补偿的激励。同时继续推广生态补偿环保资金项目制，明确资金使用方向，运用政府和市场化相结合的方式提升生态补偿资金的筹集能力。通过政府、银行、企业、生态环境和基金运行专业人士运作，共同进行生态环境开发，为投资者和当地政府和居民带来切身利益，为生态保护提供更多的资金来源。部分企业对自然环境产生较大压力，企业用能、污水处理等相关成本高于社会平均水平，则应通过累进收费筹集生态补偿资金。

除资金补偿外，鼓励地方政府间以产业、人才等其他方式进行补偿，同时环境保护要与扶贫等工作有机结合。国办发〔2016〕31 号文提出要探索地区间、流域间、流域上下游水权交易方式。《长江经济带生态环境保护规划》提出探索多元化补偿方式，将生态保护补偿与精准脱贫有机结合，通过资金补偿、发展优势产业、人才培训、共建园区等多种方式对付出发展代价的地区实施补偿。

拓展生态补偿融资概念，将补偿融资范围从单一的资金补偿维度扩大到实物补偿、技术补偿、服务补偿维度。利用人才培养、技术输送、园区共建、产业帮扶、扶贫扶智等多种方式进行补偿，变“输血”为“造血”，变“大开发”为“大保护”，推动长江中上游地区产业升级，逐步用绿色产业替代高污染、高耗能产业，从根本上解决经济发展与环境保护的矛盾。

三、拓宽区域性公共产品资金来源

充分引导、鼓励社会资本参与生态补偿和生态文明建设，建立受益者付费机制。财预〔2018〕19号文提出要引导发挥市场作用，探索政府引导、市场运作、社会参与的投融资机制。研究实行绿色信贷、环境污染责任保险政策，探索排污权抵押等融资模式，稳定生态环保PPP项目收入来源及预期，加大政府购买服务力度，探索各项排放权、排污权交易、水权交易、环境污染第三方治理，鼓励企业和社会资本参与生态建设。《关于培育环境治理和生态保护市场主体的意见》（发改环资〔2016〕2028号）提出构建市场化多元投融资体系，鼓励社会资本投资、建设、运营，发展绿色信贷，推进银企合作，支持生态权益质押贷款业务。通过发行绿色债券、股权投资基金筹集资金，发挥政府资金杠杆作用。建立多元付费机制，建立受益者付费、政府付费、政府和受益者混合付费机制。

加快发展绿色金融。继续完善金融、财政、环保等方面法律法规文件，构建绿色金融体系。解决绿色投融资面临的期限错配、信息不对称、产品和分析工具缺失问题。平衡区域间绿色金融发展差异，推动绿色金融落地，推动生态补偿基金的市场化运作，对基金来源、基金运作、基金收益和退出机制作合理安排，鼓励引进市场化机构开展基金管理，确保基金收益并提升其放大效应。

优先发展流域生态 PPP 项目，引入社会资本，提高生态项目运营效率。依靠优质民营资本的技术优势和运作模式，挖掘流域生态项目的绿色收益点，解决保护生态环境的资金问题。鼓励地方政府优先发展与保护重点流域生态相关的 PPP 项目，合理利用专项债券作为流域生态补偿类项目资本金，整合上下游项目资本金，发展流域内公益类基础设施建设，撬动社会投资投入生态项目。扶持企业流域内、跨地区投资 PPP 项目，以流域而非省际范围对项目作规划和统筹，通过贷款贴息等方式帮助企业融资。让中小企业有机会以捆绑打包的形式参与到流域生态补偿中来，对于已经投入到流域生态补偿中的企业资金，可探讨通过抵扣、返还等形式降低企业税收负担，鼓励地方政府和企业优先发展流域生态 PPP 项目。

四、强化激励相容的政府间横向生态补偿转移支付方式

横向补偿机制从省内试点逐步扩大到上下游两省，最终达到多省建立流域横向生态补偿的目标。《国务院办公厅关于健全生态保护补偿机制的意见》（国办发〔2016〕31 号）首先提出要在长江等重要河流探索开展横向生态补偿试点。《关于加快建立流域上下游横向生态保护补偿机制的指导意见》（财建〔2016〕928 号）则提出横向生态保护补偿的具体实施方式，流域横向生态保护补偿主要由流域上下游政府自主决定，中央财政对跨省流域生态补

偿给予引导支持；先推进本省及省以下政府建立补偿机制、再扩大到省流域上下游，最终逐步扩展到多省流域。《长江经济带发展规划纲要》提出按照“谁受益谁补偿”的原则，探索上中下游开发地区、受益地区与生态保护地区横向补偿。

中央财政对横向生态转移支付的作用可由行政协调转为奖励引导，再逐步探索转入事后监督。给予生态保护地区和生态受益地区独立的市场地位，通过法律界定产权，进而确立补偿标准和转移支付方式，上级政府责任由协调转化为监督，部分解决现有补偿标准偏低，上级政府承担更多补偿责任的问题。由流域上下游省份开展协调工作，在补偿基准选择、补偿标准变化上达成一致。明确地区间责任和义务，强化地方主体积极性，反映地方政府真实意愿。横向生态转移支付可以逐步转向科斯范式，成为半市场化的出资主体。在纵向转移支付不能完全退出的领域，横向转移支付可以作为补充，形成纵横交织的混合型补偿和转移支付方式。

地方政府间要签订具有预防措施和激励措施的长期补偿协议。以水源协同保护为例，对偏离水质标准的情况可以采取双向累进奖励措施或者惩罚措施，以增强上下游的积极性。采用基于水质标准和水域生态环境综合标准相结合的动态流域初始产权配置，在水质和生态环境综合标准达标时，上游受偿权利发展权利优先，下游补偿义务优先；在水质不达标时，上游赔偿责任优先，下游受偿权利和环境权利优先。

五、提高跨区域公共产品的供给效率

提高跨区域公共产品的供给效率，可以从以下三个方面采取措施：

第一，建立跨区域的协调管理机构，协调区域整体利益，减少无序竞争。在提供跨区域公共产品时，不同的地方政府基于不同的目的和实际情况，会存在偏好差异。比如，政府官员存在夸大政绩的动机，会偏好于增加公共基础设施等显性跨区域公共产品，以引进投资作为自己的政绩；经济发达地区会偏好于增加社会保障等隐形跨区域公共产品，以在人口竞争中获胜；经济欠发达地区则有扩大GDP的动机，会首先偏好于经济发展的跨区域公共产品。提高跨区域公共产品的供给效率首先要协调区域内各地方的利益，将区域整体利益摆在首位。可以通过建立跨区域协调管理机构，尽可能使利益相关者的目的达成一致，减少无序竞争造成的效率内耗，以达成共赢的局面。

第二，细化跨区域公共产品的供给模式。对于不同类型的跨区域公共产品来说，经济发展水平和财政分权对跨区域公共产品供给效率的影响不同。对于某些合作提供的跨区域公共产品，一定的财政自主权可以使相关地方政府通过协商、信息互换等形式达成一致，以完成跨区域公共产品的合作提供。而对于某些强势地方政府主导提供的跨区域公共产品，中央政府引导地方政府提供跨区域公共产品，有利于降低地方政府间相互协商的成本，效率更高。

因此，从供给贴近需求的角度来说，细化跨区域公共产品的供给模式不仅可以提高其供给效率，而且符合财权和事权相匹配的原则。

第三，完善政绩考核机制，调动地方政府提供跨区域公共产品的积极性。一些跨区域公共产品具有一定的代际间可持续性，投资周期长、收益不明显或显现慢。这类跨区域公共产品的提供是以经济发展的机会为代价的，在以 GDP 为主要标准的政绩评价体系中，地方政府并没有充分的动机去提供这类区域性公共产品。可考虑将跨区域公共产品的供给效率纳入政绩考核，或者增加跨区域公共产品供给水平的考核权重，以提高地方政府提供跨区域公共产品的积极性。

参考文献

[1] 杨刚强，李梦琴，孟霞. 人口流动规模、财政分权与基本公共服务资源配置研究——基于 286 个城市面板数据空间计量检验 [J]. 中国软科学，2017：06，49 - 58.

[2] 杨刚强，孟霞. 促进跨区域公共产品有效供给 [J]. 经济日报，2016.

[3] 张军，陈诗一. 中国地方政府财政支出效率研究：1978—2005 [J]. 中国社会科学，2008：04，65 - 78.

[4] 楼继伟. 坚持现代财政制度主线 完善中央地方财政关系 [J]. 财政研究，2020：02，3 - 8.

[5] 解垩. 政府效率的空间溢出效应研究 [J]. 财经研究，2007：06，101 - 109.

[6] 陈聪，庄晋财，尹金承. 以合作理念提升村庄公共品供给效率 [J]. 财政研究，2018：02，88 - 93.

[7] 聂倩，匡小平. 公共财政中的生态补偿模式比较研究 [J]. 财经理论与实践（双月刊），2014，35（188）：103－108.

[8] 石英华，孙家希. 提升生态补偿融资水平，共建长江流域“大保护” [J]. 中国财政，2021：01，67－69.

[9] 石英华，胡晓莉. “一带一路”区域性公共产品供给：挑战与对策 [J]. 财政科学，2018：11，63－69.

[10] 王奎泉，范诗强. 农村区域性公共品有效供给的新视角——基于浙江村级公共品供给的调研 [J]. 财经论丛，2011：07，35－39.

[11] 赵卫，刘海江，肖颖，孙聪，栾兆擎. 国家重点生态功能区转移支付与生态环境保护的协同性分析 [J]. 生态学报，2019：24，9272－9280.

[12] 赵红军，张盼. 国家重点生态功能区转移支付的政策演进、激励约束与效果分析 [J]. 环境与可持续发展，2020：04，42－49.

后 记

本书是《生态补偿融资机制与政策研究》一书的姊妹篇。后者侧重探讨我国生态补偿融资政策体系和长效机制，研究建立各级政府财政加大对生态补偿投入的有效机制，及引导和鼓励各类社会资金投入的政策体系。本书则以生态补偿为例，从理论层面探讨区域性公共产品有效供给的困境、挑战及对策。

参加本书写作的人员如下：第一章《区域性公共产品理论缘起与发展》由石英华、胡晓莉执笔；第二章《区域性公共产品的内涵界定》由石英华、刘彻执笔；第三章《区域性公共产品有效供给面临的难题——基于博弈模型的分析》由石英华、刘彻执笔；第四章《区域性公共产品供给效率——基于国家重点生态功能区转移支付

的分析》由石英华执笔；第五章《区域性公共产品供给的案例——基于新安江流域生态补偿机制的分析》由石英华、胡晓莉执笔；第六章《区域性公共产品供给的实践探索——生态补偿横向转移支付案例》由刘帅执笔；第七章《区域性公共产品有效供给的思考与建议》由石英华执笔，全书由石英华总撰。

本书写作得益于多次调研的启发，也受益于财政、生态环保等领域相关专家的讨论。在此一并表示感谢！中国财政经济出版社卢关平编辑等为本书的编辑出版作了大量专业细致的工作，在此深表谢意！

区域性公共产品有效供给问题的研究富有挑战性，鉴于本书研究主题的复杂性和作者的水平所限，书中难免有偏颇疏漏，敬请读者批评指正。

作　者

2020 年 12 月